家なき人のとなりで見る社会

小林美穂子

岩波書店

はじめに――日本は「美しい豊かな国」ではなかったの⁉

日本社会不適合、海外へ飛び出す

みなさん、こんにちは！

小林美穂子と申します。群馬県前橋市に生まれ、アフリカ、インドネシアで幼少期を過ごしました。持って生まれた性格か、幼少期の海外暮らしが原因したのか、高校生あたりからうすうす「私は環境にうまく適応できていないのではないか」と感じるようになり、周囲のカラーに染まれない自分を異物のように感じ始めました。

今になって考えれば、苦しいのは私一人ではなく、同級生たちもそれぞれみんな悩みや息苦しさを抱えながら、「クラス」という小さな社会からはみ出ないように細心の注意を払い、他者の反応に合わせて脚色したり調整したりした「自分らしさ」の中を生きていたのではないかと思うのですが、当時の私には俯瞰する能力も余裕もありませんでした。

卒業すると今度は「会社」という組織の中での「自分」を作らなくてはならない。スーパーで売られる形の揃った野菜のように、日本社会は人をも無理やり「型」に押し込める。はみ出てしまう不揃いの私は、その「型」が窮屈で息苦しくてたまらない。うまくできない自分が情けない、悲しい。どうしてみなと同じようにできないのか。

自己肯定感は下がりに下がり、地下に潜り、どこまでも落ちていく。

地球の裏側につき抜けるんじゃないかと思うほどに落下する自己肯定感に待ったをかけたのは、開き直りという禁じ手でした。

「この国が窮屈すぎるんじゃあ」といきなりの責任転嫁…というか有益な「気づき」を得て、私はお金を貯めて島国を飛び出していきました。日本はバブルのただなかにあり、今より生き方を選べる時代だったのです。

「なぜ、自分が悪くないのに謝るんだい？」

飛び出して行った先は、これまた小さい島国だったわけですが、海を越えただけでこんだけ違うんかい！と空に向かって叫び出したくなるほどに、異なる価値観の中で人々が暮らしていました。

私はニュージーランドという自然が豊かな美しい国で、自分が自分のままでいることを許され、その後過ごすことになるマレーシアや上海でも、自分を縛っていた日本の価値観や常識に一つひとつ気づかされ、「これ要らね」と思えばバサバサと切り落としていきました。

それは例えば、マレーシア人の同僚に不思議がられた「君は何で自分が悪くないのに謝るんだい？」であったり、「嬉しくないのになぜ笑う？」と、日本人のお家芸「愛想笑い」を指摘された時であったり、また、中国語を学んだ上海の大学で、クラス最年長生徒であることを自虐ネタにしていて、20歳も年下のオランダ人やフランス人クラスメートに「年齢はコンプレックスじゃない！」と本気で叱られたり。

関わるすべての人たちが私の先生となり、私はさまざまな考えや価値観を学び、とりこみ、激しく細胞分裂を重ね、古い角質を落とすようにそれまでの常識を剝いでいきました。

ところが、こうして海外のあちこちで日本人らしさを捨て去りながらのびのびと暮らしてきた私が、ふたたび「個」より「和」が優先されるジャパンに戻ってくることになってしまいました。

「気を付けろ！　あいつに同調圧力は通じねぇ！」と、存在を完全無視されるか、行く先々で吊し上げを食らいまくって干し柿みたいに渇き、不本意にも渋が抜けて甘くなってしまったり、ヌカと一緒に茹でられて灰汁《あく》抜きされてしまったり、中途半端なリベラルに珍しがられた挙句にやっぱり嫌われたり…、とにかく日本における「異物」が辿る運命は免れないかと思っていましたが、幸いにもそうはなりませんでした。なぜなら、私は「おばちゃん」になっていたからです。

この国で権力を持たないのに自由でいられる唯一の身分は、「おばちゃん」なのではないでしょうか。もちろん、女性である不自由さは相変わらずながら、不自由を不自由とモノ言える歳に達してからの帰国だったため、私は自分にとって窮屈で、息苦しくて、狭くて、つまんない自分の国に無事にソフトランディングを果たすことができました。おばちゃん、万歳。今では私に「この型を着てください」と凡庸な型を押し付けてくる人はいませんし、仮にそんなことがあったとしても、目にも止まらぬ早業で叩き落とすと思います。

「どこの国の話?」と思った、年越し派遣村のニュース

２００８~２００９年の年末年始に行われた年越し派遣村[1]のニュースを、当時住んでいた上海で見たのが、日本の貧困に関心を持つようになった最初です。

恥ずかしながらそれまで日本に貧困があることすら知らなかった私は、冷水を浴びせられる……というよりは、テレビ画面の光景に首を傾げて半信半疑になりました。「どこの国の話?」と。

日比谷公園に若い人たちが列をなしているシュールな風景、そしてマイクで喋る黒いコート姿の湯浅誠氏[2]。これまでずっと存在していたのに、私には見えていなかった日本の貧困の姿でした。私の無関心のバリアが、視界から弾いてきた人々の生々しい姿でした。

（1） 年越し派遣村：リーマンショックをきっかけにした世界同時不況で、日本でも製造業を中心に派遣切りが広がった。多数の人々が仕事と住まいを同時に失う事態を受けて、支援者らによって日比谷公園に「年越し派遣村」を開設。日本の貧困問題が可視化された。

（2） 湯浅誠氏：社会活動家。当時、「年越し派遣村」の村長を務めた。

「ちょっとの寄り道」が、この道14年に

上海から帰国した私は、この国の貧困の実態を自分の目で確かめたくなり、認定ＮＰＯ法人ビッグイシュー基金がスタッフを募集していたのをこれ幸いに、初々しさが皆無のインターンとなりました（こんなことを書くと、オランダ人の旧友に「インターンに初々しさ必要?!」と突っ込まれそうです）。

ビッグイシュー基金の母体は、ホームレス状態にある人や生活困窮者に対して「雑誌販売」という仕事を創る社会的企業です。

これまで長い時間をかけて築いてきたキャリアや人生経験が何一つ活かせない（活かすべきではない）仕事ではありましたが、ここで出会うすべての人々がまた私の先生となりました。

ちょっとの寄り道のつもりでした。

しかし、気づけば14年も生活困窮者支援団体に関わり続け、今は中野に事務所を置く一般社団法人「つくろい東京ファンド」で、路上生活者が地域生活を始めてからの就労や、孤立を防ぐための居場所として運営する「カフェ潮《しお》の路《みち》」のコーディネーターをしています。

出会う人々から厳しいレッスンを受け、最初は未練がましくしがみついていた自分のキャリアや、長年かけて積み上げてきた価値観などを歯を食いしばる思いで壊し、刷新する作業をしながら歩み続けるうち、14年前におばちゃんの扉を開いた私は、今や押しも押されもせぬ立派なおばちゃんになりました。魚に例えると、ワラサからブリになった感じでしょうか。脂がのってます。

常連さんや地域の人々の空腹を満たし、よく笑い、よく喋り、超「三密」環境がウリの「カフェ潮の路」で平和な日々を過ごしていたところに、

さまざまな背景を持つ人々や近隣住民が集う「カフェ潮の路」

２０２０年春、日本にも新型コロナウイルスがやってきて、カフェは休業することに。代わりに、呑気だったカフェのコーディネーターはエプロンを脱ぎ捨てて、コロナ禍で生活困窮する人や、ネットカフェから路上に押し出されてしまう人たちの救援活動という激動の渦に放り込まれることになりました。生きていると何が起こるか分からない。

変化する困窮者の背景と、福祉事務所の非情

そこから今日に至るまでの３年間、それまでの平和とは真逆の緊張マックスな日々。

コロナ禍初期は見えないウイルスに怯えながら、相談者に会うためにいたる所に出向き、福祉事務所相手に交渉(なんて生やさしいものではなくガチバトル)に明け暮れるという日々を送り、その時の実録は『コロナ禍の東京を駆ける』(岩波書店)にぶちまけています。

未曽有のウイルス災害でディストピアと化した春の東京で、もともと家がない困窮したネットカフェ生活者たちが行き場を失い途方に暮れているというのに、この期に及んでも福祉事務所が相談者を門前払いしたり、集団生活を強いられる無料低額宿泊所に送ろうとしていた事実は、日本の福祉行政のショボさ、職員の自覚の無さを物語っています。なるほど、生活保護の捕捉率が２割程度の国ですよ。ガッテン、ガッテン!

そこには一朝一夕には解決しようがない構造的な問題もたくさんあります。福祉事務所の事情も理解しています。しかし、それは行政側の問題であって、そのしわ寄せが「死ぬしかない」とまで思い詰めている困窮者に行くのはおかしい。絶対に間違っている。

生活保護は最後のセーフティネットです。市民の命を守る砦です。

私はあまりにおかしい福祉行政の実態を公表することによって、福祉事務所の労働環境を改善し、旧態依然とした運用をアップデートし、福祉事務所職員たちが誇りを持って仕事ができるようにしたい。多くの命や生活が守られるようにしたい。そのためには知ってもらうことが必要だと思っています。市民が関心を持たない限り、行政というものは変わらないからです。

貧困はただ単にお金が無くなるということには留まりません。そこには先に書いたような生きづらさに始まり、差別、ジェンダー、労働、家庭、暴力、教育……ありとあらゆる社会問題が関係していて、深いところでつながっています。

生きている間に、日本の福祉や社会を少しでも豊かなものにしたい。この国で暮らす人々がすべて尊重され、生きられるような社会であって欲しい。だから、私は生活困窮者支援の現場から見える景色を皆さんにお伝えします。どうぞ、よろしくお付き合いくださいませ。

目　次

カバーイラスト・深谷かほる

第 1 章

2021 年コロナ禍日記

1　全力疾走の2020年、そのまま走り続ける2021年のあゝ無情

2020年は下血に終わり、2021年が下血で始まった。

いきなり冒頭からの尾籠《びろう》な話で読者の皆さんに動揺が走っていないだろうか。眉間に深いシワを寄せていないだろうか。申し訳ない。しかし、こらえて欲しい。

人命より経済を優先させた政治のおかげで1月7日には1日の新型コロナ感染者数が2500人（東京都）に迫り、医療現場からは悲鳴が続いている。生活困窮者支援の現場も同様で、支援者たちは疲弊しきってズダボロである。

去年の4月以降、コロナ禍で仕事や家を失った人たちの救援に駆けずり回って早10か月。当初は3か月くらいと予想して、みな全力投球していたのだ。それが10か月。肩、壊れるやろ。

「全力で100m走ってみ」と言われ、若くない体にムチ打って、膝の痛みやこむら返りに呻きながら必死に走っているのに、いつまで経ってもゴールが見えない。気がつきゃ42・195kmを全速力で走る羽目になったという感じで、そりゃあ私だって下血くらいする。しかも42km先にゴールテープがあるかどうかも分からない。うすうす気づき始めているが、恐らくゴールはどこにもない。過労で倒れるまで全力の支援を続けなくてはならない。そんな地獄に私たちはいる。

頑張ってはいるが、支援者はボロボロである

新型コロナウイルス初上陸から間もない２０２０年４月、支援現場は阿鼻叫喚の大混乱。そのさなか、私の左耳が突如として聴こえなくなった。事務所で同僚たちが話す言葉が何も聞き取れず、さすがの私もうろたえた。数日で治ったから良かったものの、私の左耳の聴覚は今でも弱い。

連日、福祉事務所相手に繰り広げられる不毛な闘いや、びっしり詰まったスケジュールをこなすうちに、眠るための薬が必要になった。免疫が落ちれば感染リスクが高まる。風邪もひけない。電車での移動中も、家に戻ってからも、寝る直前までメールや電話対応。

この非常事態はいつまで続くんだ！　私の政府に対する怒りは爆発寸前だ。

日々、支援活動に加わっていると、相談者の数に増減の波があるものの、その年齢層や職業が移り変わっていくのが分かる。

２０２０年春は、若者を中心としたネットカフェ生活者の底が抜けた。年が変わって２０２１年、部屋もありコロナ前までは何とか生活を送れていた人たちの底が抜け始めている。

●２０２０年12月31日　身を削る支援者たち

池袋にて臨時生活相談会。相談員は、瀬戸大作さん（新型コロナ災害緊急アクション）、雨宮処凛さん、法律相談を担当する宇都宮

年越し大人食堂（年末年始緊急相談会）では２日間で約700食を配食．料理研究家の枝元なほみさんとボランティアの皆さんに感謝！

健児弁護士、そして、アタクシ、木津英昭さん（認定ＮＰＯ法人ビッグイシュー基金）。私たちの背後でアドバイザー役として見守ってくれるのは「歩く生活保護手帳」田川英信さん、そして駆けつけてくれた山本太郎さん。労働相談と福祉事務所同行を担当して機動力を発揮したのはＮＰＯ法人ＰＯＳＳＥ。他に認定ＮＰＯ法人「世界の医療団」の医療従事者たちが健康相談に忙しく動いてらした。

何枚も重ね着をし、カイロをお腹と腰に貼り付け、一番分厚いダウンを着込んでいても、この時期の屋外は芯まで冷える。ヘトヘトになって帰宅し、除夜の鐘とともに下血。ゴーン。

●２０２１年１月１日　新年の相談会、そして推し活

私としたことが小さめのマスクを買ってしまった。そのため、マスクは頬に食い込んでいるが、タッパーのような密着度の安心感から、咳が止まらなくて会場の外に案内された方と長時間話す覚悟ができた。少しもたじろがずに診察した医療者を目の当たりにして、逃げそびれてしまったとも言えるが…。本日駆けつけてくださったボランティアの医療者たちには敬意しかない。

バタバタする中、「報道特集」の金平茂紀キャスターと、フォトジャーナリストの安田菜津紀さん佐藤慧さん夫婦に、「ファンです！」と伝えられて満足。金平さんには、それだけ言って走り去った。私は恥ずかしがり屋なのだ。

●2021年1月2日　最強の水際封じ、「フミダン」始動！

生活が立ち行かなくなって生活保護を利用したい。ところが、単独で福祉事務所の窓口を訪れると、あっさり門前払いをされたり、傾聴だけされて申請はさせてもらえなかったり、本人の意思に反して生活保護とは異なる制度に繋げられたりするケースがあまりにも多い。支援者が同行すれば阻止できるとはいえ、支援者も数が限られている。『マトリックス』のエージェントスミスみたいに無数に増殖することはできない。

そこで、ＩＴ技術を使って社会変革を目論む同僚・佐々木大志郎さんが画期的なシステムを作り、年末に始動させた。その名も「フミダン」。

パソコンやスマホで必要事項を打ち込んでいけば、東京23区内の福祉事務所に保護申請書がＦＡＸで自動送信される。23区外の人は書類をプリントアウトして、コンビニ等からＦＡＸを送ってしまうなり、郵送するなりすればよい。

生活保護申請書を送ってしまえば、こっちのもの。本人の申請意思は明確なものとなり、福祉事務所側がそれでも追い返したり無視したりすれば、それは申請権の侵害となり法律に違反する。

これは素晴らしいシステムだ！　完璧な水際作戦封じとなるだろう！　と、私は喜んだ。エージェン

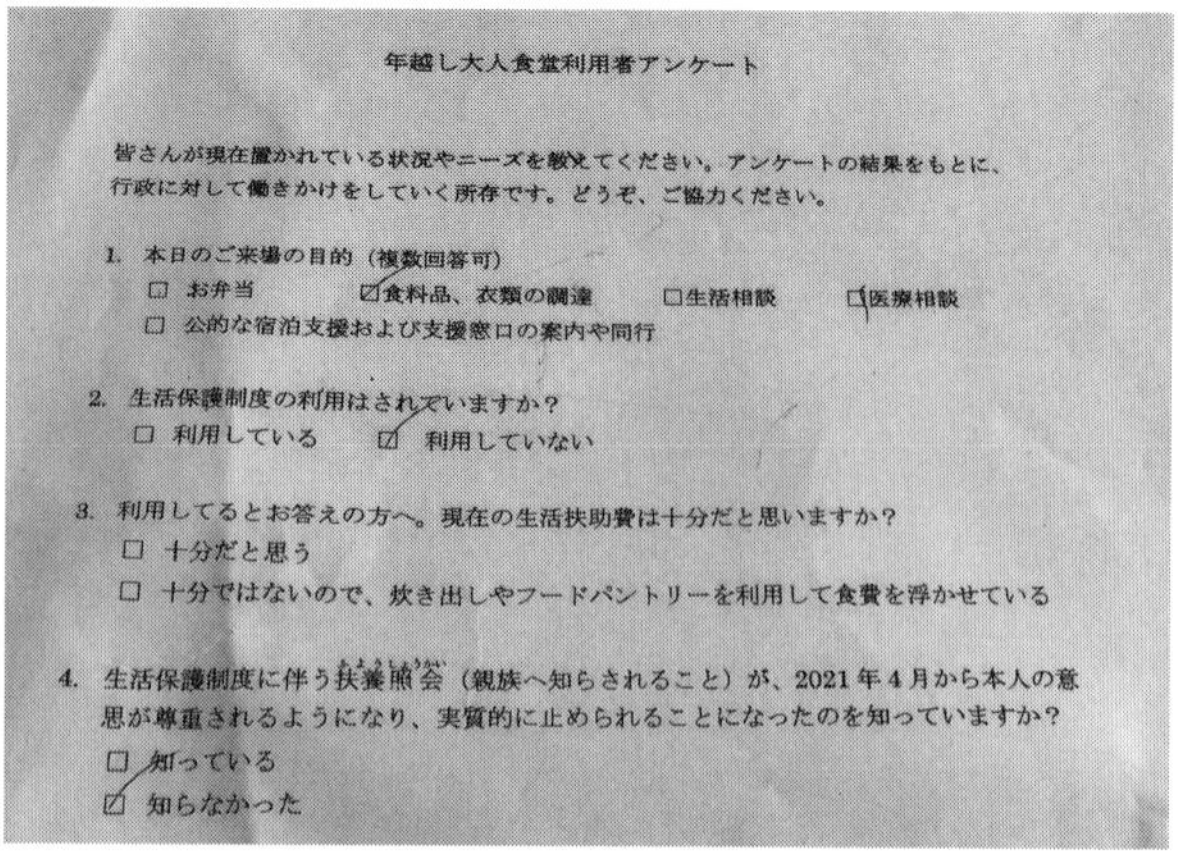

年越し大人食堂利用者アンケート

皆さんが現在置かれている状況やニーズを教えてください。アンケートの結果をもとに、行政に対して働きかけをしていく所存です。どうぞ、ご協力ください。

1. 本日のご来場の目的（複数回答可）
☐ お弁当　☑食料品、衣類の調達　☐生活相談　☑医療相談
☐ 公的な宿泊支援および支援窓口の案内や同行

2. 生活保護制度の利用はされていますか？
☐ 利用している　☑ 利用していない

3. 利用してるとお答えの方へ。現在の生活扶助費は十分だと思いますか？
☐ 十分だと思う
☐ 十分ではないので、炊き出しやフードパントリーを利用して食費を浮かせている

4. 生活保護制度に伴う扶養照会《ふようしょうかい》（親族へ知らされること）が、2021年4月から本人の意思が尊重されるようになり、実質的に止められることになったのを知っていますか？
☐ 知っている
☑ 知らなかった

ト小林が不要になる。

さて、年明け、早速このシステムを利用した人がいた。ところがである。FAXが届かないというのだ。一体、どういうこっちゃ？？？

●2021年1月2日②　アンケート聴き取り続行中

今日は大久保公園で行われているコロナ相談村（労働組合を主体とする実行委員会主催）に稲葉剛（つくろい東京ファンド）と2人でお邪魔して、訪れる相談者たちに生活保護に関するアンケート調査を行った。

相談会や年越し大人食堂（年末年始緊急相談会）に訪れ、行列に並ぶ人々は、その段階で「食うに困る」状況になっているわけなのに、そのうちの多くの方々が生活保護を利用したがらない。

なぜか。

理由は、制度利用を家族に知られる「扶養照会」だったり、役所が指定してくる劣悪な相部屋施設だったり、過去に福祉事務所の窓口で受けた屈辱的な対応だったり、内在化されたスティグマであったりするのだが……。そのへんをしっかりと調査してデータを出し、福祉事務所や厚生労働省に制度

の運用改善を求めていく所存であるよ。

●2021年1月3日　意図的ではない…ふうん。

フミダンのFAXが不通だった2件に関しては、フミダン担当者、区議会議員などが事実確認をし、とりあえずは解決を見た。「意図的ではない回線の不具合」だそう。なにそれ、超ウケる。同じ区の3つの事業所で同日、意図的ではない回線の不具合が起きるんだぁ、へぇ〜、ほぉ〜って、嫌味の一つも言いたくなるが言わない、大人だから。

新しい試みにはこういうハレーションはつきものなのかもしれない。こんな攻防を繰り返し、いずれFAX申請も当たり前になっていったらいいなと担当者の佐々木大志郎さんも申している。その器の大きさに免じて、自治体名は言わないでおきたいが、しかし、どうして民間や市民が自治体のメンツを気にしなくちゃいけないの？

意図的ではない回線の不具合なんでしょ？　それが事実なら言ってもいいよね、練馬区さん！

●2021年1月6日　84歳の手が語る

年末年始に集めたアンケートの入力をしているのだが、「介護していた妻を看取って、警備の仕事を始めた。月10万くらいになるので生活保護を切った」という75歳の回答に胸が苦しくなっている。月10万円ではナショナルミニマムと呼ばれる最低生活費を3万円ほど下回る。国が憲法に定める「健康で文化的な最低限度の生活」が営めない金額だ。75歳になっても警備の仕事をして、最低生活費を下回る収入で生きる人がいる。

相談会で出会った84歳は、「84歳の今日までずっとずっと働いてきた。でももう限界。腰も悪いし、仕事もないよ。子どもに迷惑かけられないんだ。子どもたちも生活苦しいから」。

そう言うと老人は、「見てよ、働いてきた手でしょ」とグローブみたいな手を見せてくれたのだった。彼が得る年金は月にして4万円。この国は人々にここまで「自助」を強いている。

●2021年1月11日　路上のおじさんの贈りもの

つくろい東京ファンドでボランティアをする大学生（2023年社会人になりました!）は、よく行く街で路上生活をする高齢男性と交流をしている。

「生活保護、受けないんですかぁ?」と聞くと、「そのうちねー」と答えるおじさんはオーバー80歳。大学生の彼女はおじさんに将棋を教わっている。おじさんはカップ酒が大好き。

彼女がお弁当を持っていくと、袋に入った自分の持ち物を持ってきて、「好きなものを持っていっていいよ」。覗き込むと、鍋や釜。「鍋はちょっと……」と遠慮すると、ペットボトルのジュースをくれるのだそうだ。

今日、大学生は「おじさんからもらいました」と大きなカリンを2つ事務所に持って来た。「公園で拾ったらしいです」

大きくてピカピカのカリンが、1日中喧騒の事務所で香っていた。

ほのぼのとした素敵な話をもっと聞いていたいが、椅子を温める暇もないのがとても残念だ。カリンの香りを胸いっぱい吸い込んで、出動。闘いは続く。

2　神奈川区の水際――申請書持参の女性に「申請意思なし」の衝撃

これほどまでに鮮やかな追い返しを見たのは久しぶりだった。

家を失い、所持金尽きた人たちが助けを求めて福祉事務所の窓口を訪ねる。コロナ禍で貧困が拡大したこの1年、支援者が同行するようになって福祉事務所の対応もかなり良くなってきた。でも、それはあくまで支援団体や区議など第三者の目がある場合に限られると私は思っている。なぜなら、単独で窓口を訪れた人たちから、「相手にもされなかった」という報告を、この間もずっと受けていたからだ。

そこに来て、2月の終わり頃、若い女性Aさんから、神奈川県横浜市神奈川区で申請を希望したが、けんもほろろに追い返されたという連絡が入った。

アルタ前で待ち合わせたAさんと、小籠包を食べながらこれまでの経緯を伺った。

ことの顛末はこうだ。

仕事と住まいの両方を失ったAさんの所持金は9万円。数日後には携帯電話の代金や各種支払いで約2万円が引き落とされることになっていた。減っていく預金を計算しながら、不安になったAさんは寒空の下、節約のために公園で過ごしながらSNSで情報収集をする。そこで支援者から生活保護申請書を持参するとよいとアドバイスをされ、翌日2月22日、自分で準備した生活保護の申請書を携え、横浜市神奈川区の福祉事務所を訪ねた。

予期せぬ追い返し、記録には「申請意思なし」

ところが、対応した福祉事務所の職員は、生活保護の申請を希望するAさんを退け、相談記録に「申請意思なし」と記載した。

Aさんは事前に困窮者支援団体や弁護士にも相談しており、インターネットからダウンロードした生活保護申請書も持参していた。また、支援者の助言に基づき、職員とのやり取りの一部始終を録音していたため、今回の悪質な追い返し（水際作戦）が明るみに出ることになった。

不安に怯えながらも懸命に申請を希望するAさんの細い声、その声をはね返す職員の虚偽の説明、その生々しいやり取りを、私は怒りで体を震わせながら書き起こした。

公務員が嘘をつく。

なすすべなく、助けを求めて救命ボートまでなんとか泳ぎ着いた人の手を福祉事務所職員が冷酷に振り払う、そんな記録だった。

レッツ検証！　神奈川区の対応

神奈川区の対応の何が問題だったか。ツッコミどころが満載すぎてひと言ではとても説明できないし、また、生活保護の申請をさせないのは違法行為であることを広く知ってもらうため、録音していたテープをもとに解説しよう。

相談係：受付表に「お住まいなし」って書いてあるんですけど？　状況教えてもらってもいいですか？

Aさん：今現在の状況は仕事がなくて、来月まではお給料入る予定なんですけど。今はお仕事なくて、住所がなくて、カプセル(ホテル)とかネットカフェとか(に泊まっています)。あと、何を言えばいいいですか？

相談係：お家のない状態だと、ホームレスの方の施設があって、そちらに入ってもらう。そちらは女性の方なので女性相談になる。

注目したいのは、ここで相談係はまるで施設入所が生活保護の前提であるかのような説明をしていることだ。これは虚偽の説明にあたる。施設入所の強制は、生活保護法30条に違反するからだ。

本人が嫌がる場合は別の選択肢を考える責任が福祉事務所側にはあるのだが、そのことはあまり知られていない。特に申請者は福祉事務所が嘘をつくなんて思わないから、この段階で申請を諦めたり、仮に施設に入所しても、そこでの集団生活に耐えられずに再び路上に出てしまったりするケースは後を絶たない。

Aさん：私が家がないからどうしようかとなって…、なってる時に、埼玉のＮＰＯ法人の人に連絡して。
相談係：埼玉？　埼玉にもいたの？
Aさん：埼玉にはいないです。ツイッターで連絡しました。〝もし申請して断られたら同行してあげます〟って言われて、それは申し訳ないなぁと。（生活保護申請）できないんですか？
相談係：ほかの自治体の場合だと、お家のない人にはお家を見つける費用とかを援助できるよ、っていう情報としてはあると思うんですけど、ここの場合はホームレスの人の場合は、今日明日泊まる部屋がすぐあるわけではないので、施設にご案内するという形になるんだけど。

この相談係の説明に、大変、驚いた。初対面の相手にタメ口なのも嫌な感じだが、説明内容は更に問題。相談係はまるで、アパートの初期費用を生活保護で支給することを都市伝説か、風の噂のごとく話しているが、それ、デフォルトだから。出すのが普通だから。
確かに今日明日アパートの部屋は見つからないだろう。だから、とりあえず滞在してもらう場所として、施設以外の選択肢も示し、その間にアパート転宅を支援するというのが筋だ。しかし、神奈川区では生活保護の申請が施設入所前提だと、ここでも虚偽の説明を繰り返している。

Aさん：聞いたところによれば、家がなくても保護申請はできますってNPO法人の方に言われたんですけど、それは違うんですか？
相談係：保護申請自体はできるんだけど、（以下音声不明瞭）

Aさん：じゃあ、申請ができるなら申請したいんですけど……。

相談係：今日はどこから来たの？

Aさん：今日は……昨日は外で寝ました。昨日は暖かかったので公園。

「申請したい」と意思を示した途端に話題をそらした。

間髪いれぬこの華麗な切り返しを生の音源で聞いていると、福祉事務所は普段から申請者の困窮状態に向き合うのではなく、申請させない理由を探しているようにすら思えてしまう。Aさんはここまで控えめに、あるいは直接的に3度の生活保護申請の意思を示しているのに、申請には至らない。

一度退席し、戻ってきた相談係が話し始めたことは…

このあと、Aさんの所持金が9万円あること、3月に5万円のバイト代が入る予定であること、でも今は家も仕事もないこと、支援団体にも生活保護を利用するようすすめられたことを話し、生活保護の申請をしたいと相談係に訴える。

それを聞いたあと、相談係は一時退席し、事務所の奥へ消えた。そして誰かと相談して戻って来た相談係は、スラスラとよどみなく以下の説明をし始めるのだ。

相談係：お待たせいたしました。今、現時点で問題になっているのは「お家」なんですよ。お家がないのだから、申し込みしたとしてもお家がない状態のまんまだと、住むところがない状態だから、却下になる可能性が出てきちゃうんですよ。

あと、生活保護を申請する時に、持っていていいお金の上限というのがあって、申し込み時点で持っているお金が上限を超えてしまっている場合は、ここの(しおりの説明箇所を示し?)収入の方に充当されていっちゃうんですよ。そうすると手続きとしてもあまりお得でないというか、損しちゃうので、今の金額からいうと、超えちゃってるから、手続きしたとしても却下になる可能性がある。

相談係はAさんの所持金が多すぎるから申請をしても却下になる可能性があると説明している。所持金が最低生活費(約13万円)を上回っているから生活保護の要否判定で却下になるというのなら分かるが、Aさんの所持金は9万円で最低生活費を下回っている。生活保護費(最低生活費)は単身世帯の場合、7~8万円の生活扶助と、横浜市では上限5万2000円の住宅扶助で成り立っており、この相談係は「あなたは住まいがないのだから」と住宅扶助分を計算に入れなかった模様。しかしこれは誤り。住まいのない状態で申請したとしても、申請後にはホテル等に一旦は宿泊することとなるため、最低生活費の算出には住宅扶助費(宿泊費の実費)も算入されなくてはならない(3月8日、厚生労働省社会・援護局保護課保護係に確認済み)。

Aさん:質問いいですか? あ、質問いいですか?

相談係:はい。

Aさん：んーと、一応そのごめんなさい、NPO法人の人は、住所がなくても住民票がどっかにあっても、そこにいる場所で申請はできるって言われたんです。

相談係：あ、そうそうそう。

Aさん：却下になる可能性があるということは、生活費を超えるってことですか？

相談係：今住むところがないってことは、住む家賃がかかってないんだから。

Aさん：ここの最低生活費っていくらですか？

相談係：生活費だけでいうと、7万5000円。もしできるんだったら、敷金礼金がかからない物件を見つけて、それが例えば神奈川なのか東京なのかわからないけど、その住所のあるところで手続きをするのがいいのかなと。もしアパートとか見つけられないというのなら、宿泊所というところ？　この辺だと中区の寿町というところにたくさんあるんだけど、そこに住民票を移して手続きをすると。それだと住んでいるところがあるから手続きできます。

この会話に至っては、相談係はすでに自己矛盾を起こしています。「住所がなくても、住民票がなくても今いる場所で申請できると聞いている」と言うAさんに同意しておきながら、文字どおり、舌の根も乾かぬうちに簡易宿泊所等に住民票設定しないと生活保護の申請ができないと説明している。相談を打ち切られそうになっているのを懸命にすがりつくAさんの声に胸が痛む。

ゼロゼロ物件推しの相談係

Aさん：じゃあ、今は申請はできなくて却下されるというわけですか？

相談係：申請自体はできるけれど、したとしてもメリットあんまりなくなっちゃうから。家を見つけて来た状態でしたほうが確実なんじゃないかなと。

Aさん：うーーーん。

相談係：敷金とか礼金とか初期費用がかかるところが多いんだけど、それがかからないところを探して。

Aさん：私、保証人を立てられないので、いろいろ探してたんですけど、まぁ、9万円じゃあ難しかったんです。どうしようかなぁ……。うううん、ううううん……。困るなぁ……でも、申請はできるんですよね。

相談係：申請はしたとしても、住むところがない状態だと（音声不明瞭）

考えてみて欲しい。

家がなく、手持ちのお金が9万円で、月末には2万円引き落とされることがわかっている。現在無職。頼る人は誰もいない。生活保護申請も拒まれて利用できていない。

このような状況の人に部屋を貸してくれる不動産屋が、大家さんが、いるだろうか？

相談係は盛んに敷金礼金がかからない部屋と言っているが、一般的にゼロゼロ物件と呼ばれるアパートは、退去時に少なくない額の原状回復費を請求されるなどしてトラブルになりがち。だから、最近ではどこの自治体も、生活保護利用者がアパートを探す際には「ゼロゼロ物件は避けてね」とアドバイスしている。

そんな中、これほどまでにゼロゼロ物件を熱烈に推してくる自治体も珍しい。少なくとも生活再建を手伝う立場の人間は、予想可能なリスクを相談者に背負わせてはいけないと思うが違うのだろうか。

Aさん：その資料あります？　横浜市はホームレスだと申請できません、みたいな。

相談係：ううん、申請はできるんだけど、申請しても生活保護を受けれるか受けれないかは別問題ですよと。

Aさん：うううううん、でも家がないから……。申請の紙ってもらっていいんですか？　一応、コピーして申請書を書いて持ってきたんですけど。

相談係：申請の紙は、お申し込みの時にお渡しするので、前もってお渡しするということはしてないです。

Aさん：うううん。どうしようっかなぁ。

Aさんは混乱しながらも、持参した申請書を何とか提出しようとしている。そして、相談係の説明を裏付けるものを入手しようともしている。Aさんが不安と失望の中で弱っていく一方で、相談係は迷いも消えたように違法行為に勢いがつく。

あなたに申請させないから、用紙も渡せないよと。

ここでの発言の最大の問題点である違法行為は、申請用紙を持参したにもかかわらず、それを受け取らなかったこと。とても悪質な水際作戦だといえる。生活保護の申請は、その意思が確認できるものであればフォーマットは何でもよく、それこそ広告の裏に「生活保護を申請します。●月●日　神奈川花子」と書いたものでも有効なのだ。そのことを、福祉事務所の職員が知らないわけがない。

弁護士と聞いて慌てる相談係

相談係：アパートとか見つけられないというんだったら、簡易宿泊所をご案内しますけど、どこに泊まるかは自分で探してもらわないと。

Aさん：ちょっと私も頭がアレなんで、もう1回、弁護士とNPOの人に話してみます。

相談係：勘違いしてほしくないのは、申請自体を受けないってことじゃないよってことです。

Aさん：でも、申請のこの紙出しても受け取ってくれないんですよね。

相談係：申請自体はできるけど、だからといって生活保護になるかどうかは別だよって。

Aさん：でもなかなかこんな感じで、私じゃあ話にならないのでこの紙(生活保護のしおり)もらっていきます。ありがとうございます。

相談係は、Aさんが弁護士と支援団体に相談すると聞くや、慌てて「申請自体は受けないってことではない」と取り繕っている。しかしこれまでの短いやり取りだけでも、この相談係は、何度Aさんの申請希望を退けてきただろうか。

混乱の極みの中でAさんは持参した申請用紙を提出しようとした。それを鉄壁の守りで受け取らない。市民の命と生活を守るはずの福祉事務所が、助けを求めてきた人を追い払う。そのために虚偽の説明を重ねに重ねる。彼らはいったい何を守っているのだろう。

神奈川区の謝罪、そして横浜市による記者会見

Aさんから相談を受けた私たち「つくろい東京ファンド」は、2021年3月9日、協力する5団体と横浜市市議とともに、神奈川区に対して要望書を提出し、記者会見を行い、Aさんに対する謝罪と今後の対応改善を求めた。

2021年3月9日，6団体による申し入れ記者会見の様子

同日、夕方に横浜市も記者会見を開き、「対応が不適切だった」と認め、謝罪したのだった。

そこで配布された『横浜市記者発表資料　神奈川区における生活保護申請対応について』という資料を読むと、追い返し理由はまるでAさんの意思であるかのように書かれている。

神奈川区の説明でも、「窓口職員は生活保護のしおりを見ながら、丁寧に制度の説明をしたが、本人がNPOに相談すると席を立たれ申請に至らなかった」と繰り返していた。

2021年3月9日

横浜市市長　林文子殿
横浜市神奈川区区長　高田靖殿

新型コロナ災害緊急アクション
一般社団法人つくろい東京ファンド
寿支援者交流会
反貧困ネットワーク
生活保護問題対策全国会議
コロナ災害対策自治体議員の会

抗議・要請書

本年2月22日、生活に困窮し、生活保護の申請をするために神奈川区福祉事務所を訪れた20代の女性が、対応した面接相談員から「ここの場合、家のない状態だと、施設にご案内する形になっている」、「申請したとしても、所持金額（約9万円）が基準を超えているので却下になる可能性がある」等と、制度に関する虚偽の説明をされるという事案が発生しました。女性は、自ら生活保護の申請書を用意して、その場に持参していると伝えましたが、相談員から「申請用紙を前もってお渡しするということはしていない」と言われたため、申請を断念せざるをえませんでした。

厚生労働省は各福祉事務所に対して、再三、「保護の開始の申請等の意思が示された者に対しては、その申請権を侵害しないことはもとより、侵害していると疑われるような行為も厳に慎むべきであること」と通知しています。神奈川区福祉事務所の対応は、生活保護の申請権を侵害する悪質な水際作戦に他なりません。


今回に限らず、横浜市の各区福祉事務所の窓口では、住まいのない状態の方が生活保護の相談に訪れた際、生活保護ではなく生活困窮者自立支援法に基づく宿泊施設に誘導しようとしたり、無料低額宿泊所への入所が生活保護の前提であるかのように説明をしたりする等、不適切な対応が散見されています。

今回の水際作戦は、相談員個人や神奈川区のみの問題ではなく、横浜市の生活保護行政全体の問題であると私たちは捉えています。


私たちは、今回の水際作戦に厳重に抗議するとともに下記の通り、要請します。

1．水際作戦の被害にあった女性に対して、直接、謝罪をすること。
2．水際作戦の再発防止を目的とした各区福祉事務所職員の研修を定期的に実施すること。
3．各区福祉事務所の窓口において、生活保護の申請書を相談者が手に取れる場所に常置すること。面接相談員は相談者の生活保護申請の意思の有無を必ず確認し、申請の意思が示された場合、申請を受け付けること。
4．住まいのない状態の相談者に対しては、生活保護法30条に基づく「居宅保護の原則」に則った対応をおこない、施設入所の強制、誘導をおこなわないこと。

神奈川区に対する要請書

果たして、制度の説明は丁寧にされていただろうか？

そして、席を立ったのはAさんの意思だったのだろうか？

その答えは全部、音声データが示している。

家もなく、頼れる人もいなくて独りぼっちで闘ったAさんが、勇気を振り絞って音声データ公開に至ったのは、同じような思いをする人を作りたくないという強い気持ちからだった。

横浜市はその後、過去の相談記録を遡って検証作業を進め、改善のために動き出した。Aさんが福祉行政を動かしたのだ。

そしてAさんである。彼女はその後、他自治体で生活保護申請をし、ひと月ほどビジネスホテルに滞在している間にアパートを探して一人暮らしを始めた。生活基盤ができると同時に仕事も再開し、今では生活保護を卒業している。

3　カフェ1年ぶりに再開——コロナ前と変わったこと、変わらなかったこと

カフェ潮の路、一時休業から1年

2021年4月1日に「カフェ潮の路」を再開した。

カフェ潮の路は、ホームレス状態を抜け出してアパートに移った人たちの社会的孤立を防ぐ居場所であるとともに、ランチを食べに来てくれる地域住民との交流の場として、2017年4月にオープンした。

しかし、2020年春、新型コロナウイルスが日本にやってきた。

カフェ潮の路の店内は狭い。その狭さを私たちは逆手に取っていた。知らない者同士が相席になったり席を譲り合ったりすることで顔見知りになり、互いの存在に慣れ、受け入れ、受け入れられる…そんな作用を狙っていた。偏見や差別は、実存と向き合った時に氷解するものだから。実際に、常連さんたちは次第に挨拶を交わすようにまでなっていた。

そこにコロナである。アウチ!!　お客様には持病持ちや高齢者も多い。密が裏目に出てしまった。やむなくカフェの休業に踏み切ったのが2020年4月。なので、再開はちょうど1年ぶりとなる。

1年を超えるコロナの影響で飲食業などのサービス産業は甚大な被害を受け、自粛自粛と呼びかけ

られ続ける人々の我慢も限界だ。足並みは激しく乱れ始めている。

時短営業や派遣切り、シフト減で収入が激減した人々が、生活を持続するために社会福祉協議会の特例貸付（緊急小口資金、総合支援資金）に殺到し、厚労省のHPによれば特例貸付の申請者数は2021年5月22日現在までで累計229万人超、累計貸付金額は9391億円を超えた（受付終了した2022年10月の累計申請件数345万件、累計貸付金額は1・4兆円）。

これだけの人数が貸付（借金）を受けないと生活ができないという事態が、この国の底が完全に抜けたことを意味しているのだが、どういうことだろう、生活保護の申請数はこの1年間、微増にとどまっている。

これこそが、一部の政治家が撒いた「自己責任」の種が、一部メディアや著名人たちによって肥料を与えられ、すくすくと育ってグロテスクな花を咲かせた結果だろう。

カフェ潮の路再開

暗く、閉塞感漂うコロナ下でのトンネルの出口はまだ見えない。

では、そんな中で、なぜカフェの再開を決めたかといえば、それは私が限界だったからだ。

コロナ禍の1年間、私は店を休業して、生活困窮して家も所持金も失った人たちの支援に駆けずり回っていた（詳しくは『コロナ禍の東京を駆ける』を読んでね♥）。同時にこの現状を社会に伝えないと事態は改善されないから、発信にも力を入れていた。それこそ夜も昼も土日もなく、「もう、死ぬしかない」というところまで追い詰められた人たちに会い、あちこちの福祉事務所へ生活保護の申請同行をし、アパート探しをし、一緒に家具を揃え…という工程を何件も同時進行でこなしながら、なおかつ発信をする、そんな毎日の中で、私自身がすり減っていくのを感じていた。

相談者たちの、恐らく人生で最も辛い場面に連日立ち会っているのである。そんな人たちを受け止めるはずの福祉事務所職員は、無神経&無礼の極みだったりするから、私は眉間には皺を寄せつつも、眉尻を下げ、口では笑って、まるで竹中直人の「笑いながら怒る人」みたいな交渉を、お笑い芸人でもないのにするのである。私が福祉事務所と真面目にケンカしてしまうと相談者は萎縮してしまう。また、福祉事務所が不適切だったり違法な説明をしていたりしても、できるだけ相談者には気づかせたくない。ロベルト・ベニーニ監督の映画『ライフ・イズ・ビューティフル』の父親の気持ちだ。もちろん、私がそんな猿芝居をしなくても済む福祉事務所や職員もいることはいるのだが、コロナ禍初期はひどかったのよ。

疲れる。こんな毎日は非常に疲れる。怒濤の日々に忙殺されながらも、1年間もほったらかしにしていたカフェの常連さんたちのことが常に気掛かりだった。

カフェが稼働していたころ、自分がいかにご近所さんやお客さんたちから力をもらっていたかも痛感した。誰よりも私が、カフェ再開を必要としていた。

コーヒー&弁当販売の形での再開

2月くらいにカフェ再開を決意したものの、密なカフェでのお食事を解禁にする勇気はない。そこで、コーヒースタンド、人数制限をしての古書販売、お弁当販売の営業を再開することにした。以前は週2回の営業だったが、駆けつけ支援の方もエンドレスで続いていたため、当面は週1回ということで。

カフェ潮の路を開けると、常連さんたちが続々と戻ってきた。

「お弁当くださーい!」と口々に言いながらワイワイ楽しそうに階段を上がってくる。1年前までの光景が思い出されて、それだけでも嬉しくてニヤニヤしてしまう。スタッフたちも満面笑顔。

常連さんたちは続々と戻ってきたが、この1年で見かけなくなった人もいる。

お福わけ券とは？
本日、利用できる
お福わけ券
700円券 44 枚
200円券 47 枚
お福わけ券 700円
どちらか1枚使えます。詳しくは、
スタッフにおたずねください。

1年前までは毎週「かあちゃん、かあちゃん」と言いながら階段を上がってきて、常に金銭管理には失敗しているから「お福わけ券」(カフェに来る「誰か」のために飲食代を先払いする仕組み。お金のない人も券を使って無料で飲食することができる)を利用して腹いっぱいご飯を食べ、うまいうまいを連発し、食レポ術を進化させていた若者は、人間関係のトラブルに嫌気が差したのか、東京を去っていた。

また、つくろい東京ファンドとはまったく関係のない、ご近所のお喋り好きのおじさんは、この1年の間に大病を患っていた。首の肉がすっかり落ちて、ちょっぴり小顔になったおじさんから闘病の報告を聞きながら、コロナが無ければ、この人の不安や苦労をみんなで聴くこともできたのに、この人はたった一人でご自分の病気を受け止め、手術をし、暮らしてきたのだと申し訳なく思う。

緊急事態宣言下、家なき人々は……

去年の4月にカフェを休業するにあたって一番案じていたのは、カフェの常連になっていた現役路上生活者のことだった。みな、寝ている場所も特定できていないし、携帯電話もお持ちでないために連絡する術がない。それぞれにご事情があって、生活保護を拒んでいる。

営業している間のカフェ潮の路は、彼らが遠慮せずにゆっくりできる屋内だった。池袋から徒歩で来る人、壊れた自転車で乗り付ける人……皆さん、カフェでお福わけ券を利用して空腹を満たすと、雑誌を読んだり、仮眠を取ったり、思い思いに過ごしていた。閉店時間を過ぎてもなかなか帰らないほどに気に入ってくれている人もいた。

男性の方たちには、その後も炊き出し現場などで再会することができた。年末年始の「年越し大人食堂」(年末年始緊急相談会)にやってきた一人に駆け寄り「お元気でしたか?」と椅子を勧めると、座ってボロボロと涙を流した。ほとんどの支援団体の人間は彼を知っている。しかし、つながっていても、彼の問題は誰にも解決できない。ずっと路上生活を続けているのに日に焼けず、青白い顔をした人の頬を涙がつたう。

モモさんとの再会、カフェに歓声

モモさんは自分の名前も、普段いる場所も明かさないミステリアスな女性だ。初めてきた当初は「話しかけるなオーラ」を全身から放っていて、話しかけても反応しなかったのが、次第にスタッフや常連客と打ち解けるようになった。他のテーブルの人たちの会話を一緒に聞きながら眉間にしわを寄せて考え込み、質問をしたりするようにまでなっていた。凛とした雰囲気の美しい人だ。

幡ヶ谷のバス停で夜を過ごしていた女性が殺されるという痛ましい事件もあった。モモさんはご無事だろうか。怖い目に遭ってないだろうか。彼女にカフェの再開をどのように伝えたらいいだろうか。心配しながらもなすすべなく日々が過ぎて行く。

そんな5月に入ったある雨の日のこと、入ってきたお客様を迎えたスタッフが歓声をあげた。振り返ると雨合羽を着たモモさんが立っている。1階でモモさんの姿を見かけた稲葉も追いかけて来て、みんなで再会を喜ぶ。

基本的に店内での食事は禁止しているが、帰る家がない人や相談がある人は例外ということにしており、モモさんは以前のように閉店までゆっくり読書をしながら過ごすようになった。生活保護の話や、せめて携帯電話を持たない？という話をしても、今のところは断られ続けている。それでも、名前も知らない細い脆い関係性が、カフェ再開でふたたび繋がったことが嬉しい。モモさんの声や、笑う顔を見られることが嬉しい。

モモさんにおかずのリクエストを聞いたところ、「お魚」という返事だった。魚は高いんだよねーと思いつつ、その翌週から魚メニューが潮の路弁当に登場することとなる。

弁当屋として再開したところ、コロナ前とは明らかに異なるお客さんがやってくるようになった。コロナ前まではカフェの利用はしていなかったご近所さんたちだ。

「ようやく再開されたんですねー」と張り紙を見て寄ってくださる。コロナの閉塞感の中で、カフェの再開が皆さんに少しでも活気を与え、お弁当を楽しんでもらえるのなら、こんなに嬉しいことはない。

カフェが炊き出し現場のように

カフェ再開後は、回を重ねるごとに来客数が増えてきている。

4月1日にお弁当(500円)20個、サンドイッチ(200円)20個から始めたお弁当販売は、すぐに30個必要となり、5月半ばには45個(!!)と4月の倍以上のお弁当が必要となった。調理助手の相棒Sさんと2人で作る量としては、結構きつい。

なぜ、そんなことになっているかといえば、生活困窮者が増加しているからだ。

ゴールデンウィーク中に四ツ谷駅前の聖イグナチオ教会で開催された大人食堂に並んだ人数は、2日間の合計で658人。池袋で生活困窮者の支援をするNPO法人TENOHASIが月2回開く炊き出しに並ぶ人数も、毎回記録を更新していて、コストはコロナ前の20倍掛かっていると聞く。

まさか潮の路のような小さなカフェにまで影響が出るとは思っていなかったのだが、若い方々が「お金無くてもお弁当もらえるって……」とうつむきながら消え入るような声で言う。

初めて訪れる一人ひとりに名刺を渡す。カフェでは話せないようなことでも、メールならできるかもしれないから。お弁当や炊き出しで生活を繋いではいけない。

この国はオリンピックを開催するようだが、事態は悪化の一途を辿っている。社会の底はもう抜けている。

4　公助さん、出番です！　官民が協働したフードパントリーの報告@中野

33℃近くまで気温が上がった2021年7月17日の土曜日、東京都中野区鷺宮で中野区社会福祉協議会（以下社協）主催のフードパントリー（食料品配布）と相談会が開催された。

新型コロナウイルス感染症の影響による休業や失業で生活困窮に陥り、中野区で社協の特例貸付（緊急小口資金、総合支援資金）を受けた人数は1万人を遥かに超える。そのうち、利用できる貸付のすべてを満額（200万）まで借り切った区民の数は2800人（当時）だそうだ。

この特例貸付、全国の支給累計額は7月時点で、なんと目玉も飛び出る1兆円超。もともと数字に弱い私は、1兆なんてケタになると、もはや数字の読み方も分からない。「ものすごい額」という言葉で片づけそうになる、そんな額だが、それだけの生活資金を「貸付」しないと市民の生活が成り立たなくなっている事態はタダゴトではない（そんな中でオリンピックだとよ……）。

そして、「貸付」という名のとおり、これは市民が国から借りている借金。返済の必要が生じる。

満額の200万円まで借りた人が返済する額は、ひと月2万円以上になる。

「償還免除（返済免除）」の条件は非課税世帯であることなのだが、東京23区で暮らす単身世帯の場合、非課税の目安はなんと生活保護基準以下の年収100万円だ。

月収15万円の派遣労働者や非正規労働者が、月2万円以上の貸付を返済し、税金や年金を払い、家賃と光熱費、携帯代金を払ったら……生活することは難しい。

この貸付は、短期であれば効力を発揮したのだが、長期になればなるほどにその人の未来を塞ぐことになる。むごいことである。

しかし、なぜ、人々はここまで生活が困窮しても、生活保護を利用せずに貸付に頼るのか。

自助も共助も限界だ！

炊き出し現場も、しがない小さなカフェ潮の路も大変忙しく、日を追うごとに利用者数の記録を更新している。貸付でなんとか一時しのぎをしてきた人も、限度額まで借り切った人から食べるに困っていく。貸付の返済が開始されれば、さらにものすごい数の人々が真綿で首を締められるようにじわじわと追い詰められていく。出口のない砂漠を日々さまようことになるが、オアシスは今のところ、どこにもない。

多くの方々が生活困窮者に心を寄せてくださるおかげで、カフェ潮の路のお福わけ券（懐に余裕のある人が他の人の分も先払いするシステム）は現在潤沢にある。

しかし、他の支援者から「電気もガスも水道も、1年以上止められている人を保護した」などという声を聞くと、週1度のお弁当1個ではどうにもならない。命が懸かっている。人ひとりの生活基盤を整え、その後の日々を安定させるためには「公助」に登場してもらうしかないのだ。自助も、共助も限界だ。

生活援護課課長の参加

そんなわけで、中野区社協主催のフードパントリーには、危機感を共有する官民が集結することとなった。私たち「つくろい東京ファンド」も生活相談チームとして混ぜていただいた。なんと、中野区の生活援護課の課長と一緒に！

福祉事務所の現役職員がお忍びで民間の支援活動に参加することはたまにあっても、公務として参加するのはとても珍しく、私自身も初めての協働経験だ。

ただ、団地内での開催ということ、また、フードパントリーを利用する方の中には生活保護制度に強い忌避感をお持ちの方も多くいるので、相談希望者はほぼいないにちがいないと予測していた。ならばせめて、その人にとって必要となった時にお役に立てるよう、情報提供に力を入れようと資料を作成した。

当日、打ち合わせ会場に現れた中野区の生活援護課課長は、首から中野区の名札を下げていた。

支援に届きにくい方、生活保護の敷居が高いと思っている方に情報を届けられたら」と挨拶をしたとおり、食料品が詰まった持ちきれないほどの大きなバッグの中に、「生活保護のてびき」が同封され、私たちが作った資料「生活保護Q＆A」も直接配布された。

配布された食料品と生活保護制度の資料

訪れる方々はほとんどが女性だった。食べ盛りの小さな子どもを自転車の後部座席に乗せた人も複数いらっしゃる。食料がギッシリ詰まった袋を渡されて歓声が上がる。

その一人ひとりに資料を渡しながら、「今日は中野区の職員も参加しています。福祉の制度について分からないことがありましたら、何でもお聞きくださいね」とお声かけをすると、3件の相談があった。

1兆円を超える貸付額は生活保護バッシングの「成果」

生活援護課課長と組んで生活相談に入ると、皆さんが生活保護利用者に対するネガティブなイメージをお持ちなのが改めて明確になる。そんなイメージが彼らを福祉事務所の窓口から遠ざけている。

それもこれも、ぜんぶ一部の政治家（片山さつき氏他）が扇動した生活保護バッシングのせいだ。

２０１２年、お笑い芸人の親が生活保護受給していたことを「不正受給」とし、（実際は不正受給ではない）国中にバッシングの嵐が吹き荒れ、芸人は謝罪に追い込まれた。

生活保護利用者へのバッシングを煽る番組が作られ、前述の片山さつき氏は「生活保護（の利用）を恥と思わなくなったのが問題」と、とんでもない発言をし、もともと自己責任論が広がりやすい土壌にスティグマの種をまき散らした。それにメディアが加担し肥料と水をまいた。

その年、自民党は「生活保護基準額の引き下げ」を公約に掲げて大勝、民主党から政権を奪還する。自民党は公約を守るため、生活保護の基準額を引き下げることになった。ところが引き下げるだけの正当な根拠がない。そこで、厚労省は物価偽装をしてまで引き下げを断行したわけだが、そのからくりは暴かれ、２０２３年現在も日本中で裁判が続いている。

「国」は弱者に対してこんな大がかりで汚い真似をするのだという事実は、私にとっても衝撃的だった。

生活援護課課長の言葉が真っ当すぎて沁みる

「制度は社会に必要だから存在するのであり、利用されなくては意味がない。新型コロナウイルス感染症の影響下で、公的支援に対する偏見が解消され、誰もが利用に躊躇することのないような社会にしていきたいです」

福祉事務所の「中の人」生活援護課課長の言葉は当たり前すぎるのに沁みる。助けを求めて窓口にたどり着く人たちをあの手この手で追い散らす水際福祉事務所の職員は、この言葉を1日10回くらい音読してから出勤して欲しい。

生活相談の席に座った男性が、不正受給の噂話をする。それを課長は穏やかな口調で「ああ、それは都市伝説です」と否定し、「生活保護利用者の内訳は、半数以上の55・8％が高齢者世帯、障害や傷病者世帯が24・6％で大半を占めています。残りが皆さんのようにコロナ禍で一時的にお仕事を失ったり、収入が不安定になってしまった方々です」と説明する。

世の中に行き渡ったデマを、福祉事務所の職員が否定することの圧倒的な説得力よ‼ 認知度の低い、小さな民間支援団体の私たちが言うのとは、意味合いが全然違う。

目の前の人のために官民知恵を絞る

また、制度のはざまに落ち込んでいて、生活は苦しいのに使える制度がなくて悩んでいた方の相談では、私も課長も腕組みしながら唸って考え、やはり支援制度は何もないか…と諦めかけたその時に、課長が相談者に向けた質問で突破口が突然開けて、「ああ、それなら使える制度があります！」と膝を打つような場面があった。

お互いの立場を超えて、目の前の人のために持っている知識を総動員した結果である。自分の名刺を渡して、その後の支援に備える生活援護課課長と不肖わたくし。制度を利用して、荒波を乗り切って欲しいと願いながら、相談者の背中を見送った。

中野区で地域に密着して活動をする社協と町会の皆さん、そして中野区民の命と生活に責任のある福祉事務所、私たち民間支援団体、寄付や食料を寄せてくださる区民の方々がタッグを組み、「中野区の困窮問題は中野区で解決するのだ」という決意をみなぎらせた猛暑の1日だった。

福祉事務所とつくろい東京ファンド、立場が異なるために対立することも多々あるものの、同じ方向を見ていると信じられた貴重な1日。

次回は8月後半。官民協働のフードパントリーは、引き続き中野区の各地域で開催される予定だ。他区にも拡がって欲しい取り組みである。

5　差別、優生思想に居場所はない！——DaiGo への批判は集団リンチなのか

250万人のフォロワーを持つメンタリストの DaiGo 氏が自身の YouTube チャンネルで、生活保護を利用する人やホームレスの人たちを侮辱し、排除する発言をした。それを知ったのが8月12日。その日からずっと心を削られ続けている。

フラッシュバックのように頭に浮かんだのは相模原障害者施設の殺傷事件だ。

「社会的無責任論者」と自己紹介に書いているチャンネル登録者数250万人のインフルエンサー、その彼が動画配信サイトで流した差別的な発言は、明らかに度を超えていた。

DaiGo 氏の投稿が炎上してから、私たちのもとには生活保護利用者たちからの悲痛な声が届いている。コロナ禍で仕事を失い、所持金も100円から数十円になって、慣れない路上生活も経験したのちに

支援につながった若者たちだ。

彼らのほとんどがテレビは見ず、テレビを必要とも思っておらず、もっぱらスマホでYouTubeやインスタグラムを楽しんでいる。私が若者たちのテレビ離れを知ったのも、コロナ禍で多くの若者と出会うようになった最近のこと。彼らは目を輝かせて私の知らないインフルエンサーたちの名前を挙げた。挙げられる名前の中にDaiGo氏もいた。

DaiGo氏に「どうでもいい命」と切り捨てられた元路上生活者や、生活保護利用で命や生活をつなぎとめた若者たちは、どんな思いでDaiGo氏の発言を聞いただろう。

「あれはいくらなんでもあんまりですよね」

「誰だかわからない人に、私の命の線引きをされたんですよね」

「ナチスと同じじゃないですか。学校で習わなかったんですかね」

LINEやメールで届いた彼らの言葉に心が痛む。そして腹が立ち、たまらなく悲しくなる。

インフルエンサーの〝辛口〟トーク、その罪とは

考えて欲しいのだ。好きで生活困窮する人がいるだろうか?

頑張りたいけど思うように頑張れない、頑張ってきたけどうまくいかない。

それは彼らのせいではない。決して順風満帆とは言えない成育歴や、障害や、環境や雇用にも左右される生きづらさを抱えながらも、たった一人で必死に生きてきた者たちだ。

そうでなくても生活保護バッシングや、野宿者襲撃や殺人が後を絶たないこの国で、後ろめたい気

持ちを抱えながら生きる人たちに対し、DaiGo 氏の吐いた言葉の罪は極めて重い。

彼の言動は、ホームレス状態の人たちの命や安全を脅かすだけでなく、これから制度を使うべき困窮者の生きる道をも閉ざしてしまう。やっとの思いで生きている人の力を奪い、自死に向かわせるリスクをはらみ、また優生思想に共感してしまう人たちをヘイトクライムに向かわせるに十分な影響力を持っているのがインフルエンサーの罪であり、その罪深さの前に「社会的無責任論者」なんて言いわけは到底通用しない。

2012年に芸能人の親の生活保護利用についてバッシングの嵐が日本中に吹き荒れたのは前項でも書いた。

当時、私が在籍していた困窮者支援団体には、泣きながら電話をしてくる方、家から外に出られなくなった方、ほかに生きる術はないのに「生活保護を切ろうと思います」と、取り乱す高齢者からの電話が相次いだ。

バッシングはもともと精神的に疲弊しながらも、それでもなんとか生きようとしていた人々の心を折った。

早撃ちガンマン厚生労働省の鮮やかさ

社会は優生思想を絶対に許してはいけない。それはなぜか。

優生思想は我々が暮らす社会の基盤を崩すからだ。「あいつは生きていていいが、こいつはダメだ」という身勝手な線引きは、この社会で暮らすすべての人の安心を奪う。ある日突然、誰かの個人的な価値観や好き嫌いだけを理由に「おまえは生きなくてヨシ！」と指をさされることを想像してほしい。そんなことが許されていいはずがない。

だから、社会がこの危険な発言には大きなＮＯを突きつけなくてはいけないのだ。

ヘイトクライムや差別に敏感な国であれば、影響力のある有名人のヘイト扇動発言に対しては、首相や大統領レベルが自ら発言をし、差別を許さないという姿勢を見せ、国民に対して強い牽制をするだろう。

しかし、残念ながらこの国では人権や差別に関する認識と意識は何周も遅れを取っているため、まず期待はできない。と、思っていたら今回は国が動き、正直、驚いた。

DaiGo氏の投稿が炎上した翌日の13日、厚生労働省がツイートを更新した。


「生活保護の申請は国民の権利です」

公式ツイートだけに厚労省側にもいろいろ制限があるのだろう。ホームページのコピペという省エネ投稿ながら、絶妙なタイミングでのメッセージは5日間で2・9万リツイート、4・1万いいねを獲得した。その数がいかに突出しているかといえば、厚労省の他のツイートを見れば明らか。ほとんどのツイートへの反応が薄い中、この保護課の投稿だけがケタ違い。特筆するべきはそのコメント数で、なんと、なんと、8月24日現在で１０３９件も寄せられている。とても読み切れないが、ざっと目を通してみると、「福祉事務所の水際やめさせろ」とか、「未だに扶養照会ってどうなの？」とか、素晴らしく真っ当でアップデートされた意見が連なっていて、さらには福祉事務所窓口で申請権を侵害された人に適切なアドバイスをする人まで現れ、ちょっとした情報交換コミュニティになっている。そんなやりとりの合間に「DaiGo草」みたいなのもあって笑える。

社会保障に対する市民の興味関心がここまで高まっているということは、それだけ苦しい人が多いということだ。

たった一発の弾で、膨れ上がろうとしているヘイトやバッシングの怪物を牽制した厚労省に、今回ばかりは惚れ惚れした。水戸黄門なみ。

生活困窮者支援団体による緊急声明

厚労省に1日遅れた14日、メンタリストDaiGo氏のYouTubeにおけるヘイト発言を受け、生活困窮者支援に取り組む4団体が共同で緊急声明文を出した。

声明文の内容要約（4団体の声明文を要約すると以下のとおり）

1　形だけの反省・謝罪にとどまらず、自分の発言内容の重大さをきわめて危険な反社会的行為であることを認識し、真摯に自己と向き合い、反省した上で撤回、謝罪すること。

2　菅首相からも、DaiGo氏の発言が許されないものであることを明言したうえで、生活保護の申請が国民の権利であることを率先して市民に呼び掛けること。

3　厚生労働省も、公式サイトで生活保護制度の案内を大きく取り上げる等、制度利用を促す発信に力を入れること。福祉事務所が追い返しなどしないように、周知徹底をはかること。
4　マスメディアは、DaiGo氏の起用を差し控え、その発言の問題点を報道し、このような発言を許さない姿勢を明確にすること。
5　私たち市民は、今回のDaiGo氏の発言を含め、今後ともこのような発言は許されないことを共に確認し、これを許さない姿勢を示し続けること。

これに前後して、DaiGo氏を広告に起用していた会社の一つが彼を降ろした。日ごろからホームレス支援活動を応援している会社だったので当たり前すぎる対応である。「メンタリスト」を名乗る者がこの展開を読めなかったのは残念だ。

DaiGo氏は13日に謝罪動画をYouTube投稿したと思いきや、翌日14日には「昨日の謝罪を撤回いたします【改めて謝罪】」という釣りタイトルで動画を相次いでアップしたが、そこで分かったのは、「この人、なんにもわかってない」ということだけだった。

批判は「私刑、集団リンチ」という逆ギレ

今回の一件で、乙武洋匡氏は自身のツイッターで以下のようにつぶやいている。

《件の〝人権軽視〟発言を擁護するつもりは毛頭ありませんが、だからと言って集団リンチによる〝私刑〟が、他者に社会的な死をもたらす社会が健全だとは思えません。失敗から学び、再出発できるチャンスを奪うことは、それこそが人を死に追いやりかねない構造をつくり出してしまうのではな

いでしょうか。》

ツイッター上で乙武氏がつぶやく「集団リンチ」「私刑」の言葉の強さに、私は息をのむ。ネットの世界では、言葉がどんどん過激性を帯びていく傾向を知っていてもなお。

そして、和や秩序を大事にし、対立を好まない国民性によるのか、次第にDaiGo氏擁護派がチラホラと出てくる今、私は考え込んでいる。

国際的に見れば、ハラスメントもヘイトスピーチも一発アウトな国は多い。それらが解雇理由となり得ることは、過去ニュースを検索してもわかる。

しかし、残念ながら、日本では明らかな暴力があっても、被害者側がバッシングを受け、加害者側が配慮されるケースが未だにあとを絶たない。「ダメなものはダメ」という毅然とした態度が取れない中で、差別やハラスメントは助長されていく。「ダメなものはダメ」という姿勢は、力を持つ者こそ取る必要があり、それによって世の中の人々にも浸透していくものなのだと思う。それは、「失敗から学び、再出発できるチャンスを奪うこと」とはイコールではない。彼が学んだあとに再出発はできるはずだし、そんな社会を作らなくてはいけない。

困窮者支援団体で学ぶことを手引きする是非

DaiGo氏の投稿動画が炎上したことに心を痛め、DaiGo氏を心配した人がもう一人いる。脳科学者の茂木健一郎氏だ。

「友人のDaiGoという人が問題になっている。話をしてあげられないか」と北九州市で長きにわたりホームレス支援の活動をして来られたＮＰＯ法人「抱樸《ほうぼく》」理事長の奥田知志氏に打診したそうである。

謝罪動画の中で DaiGo 氏が「抱樸に行く」と言うのを聴いた時、私は、誰が手引きしたのだろう？と訝しんだ。これまでの経緯を考える限り、DaiGo 氏本人がホームレス支援団体と繋がりがあるとは思えない。ザラッとした不快な違和感が心に残った。

自分が「ホームレス＝犯罪者」のように語り、そして社会から抹殺してもいいとすら匂わせた対象を支援するＮＰＯを石鹸代わりに使って、自分の不始末を洗い流すつもりなのかと。それは不謹慎だと思ったし、なんという無神経さかと驚いた。

例えば性暴力加害者を友人に持つ人が「友達が問題になっている。そちらで学ばせてやってほしい」と性暴力被害者たちが保護されている女性支援団体に連絡してきたらどうだろう。今回の DaiGo 氏の言動は、それとどこが違うのだろうか。

「抱樸」理事長の奥田氏も心得ていて、守るべき人たちの安全を万全にした上で、学びたいのなら教えるという寛大な姿勢を取っており、また、「反省」という行為についても過不足のない見解を述べておられる。さすがである。

私がこの原稿を書籍化のために編集しているのは２０２３年春。DaiGo 氏の動画が炎上したのは２０２１年の夏だったが、結局、DaiGo 氏は「抱樸」には行ったのだろうか？

「反省する」とはどういうことか

緊急声明の厳しさを批判する声やバッシングなど、多くの反響がある中でずっと考えていた。反省というものは一朝一夕にできるものではなく、自分のこれまでの人生を振り返り、向き合い、その価値観を否定し、ひっくり返すような作業を伴うもので、それは身を切る痛い作業の積み重ねだ。

困窮者支援の活動を始めて10年以上になる私にも、消えては浮かぶ差別意識がある。今でも向き合う内省作業はずっと続いているし、きっと一生続くものと思っている。これまで自分が長い時間をかけて培い、積み上げてきた価値観を否定していくという作業は、そう簡単ではない。

とても身近な高齢者で、DaiGo氏と似た差別発言をする人がいる。その人と議論を続けて10年以上になるが、ある時、その人は悲しそうな顔をして言った。

「自分はこれまでこんな自分が正しいと思って生きてきた。どうかこのままでいさせてくれ」

価値観を変えるということはそれほどまでに難しいことなのだと知った瞬間であった。

DaiGo氏が全否定したホームレスや生活保護利用者に、その人らしく生きる権利が保障されているのと同様、DaiGo氏にも反省したり、学んだりする権利がもちろんある。やり直す権利も当然ある。それが社会であり、人権というものだ。

だが、今、私たち社会が守るべきは、今回DaiGo氏に差別され、否定され、不安と恐怖にさらされている人たちではないだろうか。

DaiGo氏の権利を守ろうとする人々には部分的には共感する。**しかし、日本の人権教育が一向に進**

まない最大の理由は、守るべき対象や、根幹の部分が常にブレてしまう点にあるのではないか。思いやりも、バランスも大切だ。しかし、バランスを大事にするあまり、声を上げられない者、声の小さい者の存在が見えなくなってしまう。無視され、淘汰される者たちはさらに傷つき、孤立し、不安と恐怖に苛まれながら日々を過ごす。圧倒的な力の不均等がある場合の〝中立〟は、著しく公平さに欠けるのだ。

今回、社会や人々の安全を壊しかねない危険な思想をまき散らした人間がいて、それに支援団体などが抗議する。その抗議が厳しすぎると言って、「どっちもどっち」みたいな言論が出るのは、正直もうウンザリだ。

被害者がいるのだ。それも大勢。尊厳を踏みにじられ、勝手に命の線引きをされ、いなくていいと軽い調子で断じられ、落ち込み、怯えている人たちがいるのだ。その差別扇動を250万人のチャンネル登録者を持つタレントが言った罪は重く、ヘイト動画の時とは服の色を黒に変えただけの謝罪で「はい、そうですか」と納得していいものではない。

「謝ったんだからいいじゃないか」という人はあまりに加害者に甘く呑気で、被害者に対して無神経で残酷だ。寛容とは違う。

差別やハラスメントの問題において、この国はなかなか前に進めないでいる。批判する対象がいちいちブレるからだ。あげくに被害者にバッシングが向かうなどという、とんでもない過ちを未だに飽きずに繰り返している。これだからイジメだって、ちっともなくならない。

声明文は一見厳しく見えるとしても、それは彼のやったことを考えれば妥当である。

誰も彼の生存権を奪おうなんて言ってないのだ。DaiGo氏が本当に問題の本質を理解し、二度と同じことを繰り返さなくなった時、社会は彼を受け入れればいいのだ。誰もDaiGo氏を社会的に抹殺しようなんて考えていない。彼の居場所を奪うのではなく、彼の**差別的思想や優生思想に居場所などない**と言っているのだ。混同しないでいただきたい。

要らない人なんて誰もいない。みんなで一緒に生きられる社会にしたい。そこにはDaiGoさん、あなたもいる。そういうことだ。

6 中野区生活保護課の庁外移転計画と差別について

東京都の中野区区役所の新庁舎建設の実施設計が固まり、建設工事が着工した。予定通りに進めば、2024年2月竣工、5月開設となる。その新庁舎の設計が今、議会で大炎上している。

何が問題になっているのか。

新しい区役所の基本構想は「ワンストップ型サービスの構築」。これは利用者にはとてもありがたい。ではなぜ、炎上なのか。

それは、ワンストップが最も必要とされるであろう生活困窮者に関わる部署のうち、生活保護課だけが、外に出されることになったからだ。

二転三転したこれまでの経緯

当初は既存の部署はすべてが新庁舎に入るはずだった。

議事録によれば、約2年半もの時間と９０００万円の予算(税金)をかけ、利便性や導線を追求したレイアウトが練られ、その時点では生活保護課の窓口は1階に設定されていた。

しかし、区は「高度なプライバシー性を確保する観点」などを理由に、その基本設計を突如変更、生活保護に関する窓口は新庁舎の外に出す方針を決め、野方《のがた》にある教育センターに福祉事務所を丸ごと移転してはどうかという提案をしてきたのだった。

「新庁舎1階から教育センターへ」という重大すぎる変更は、２０２０年3月にはすでに区側で方針が決まっていたのだが、どういうわけか10月になるまで議会にも公表されておらず、文字通り寝耳に水の報告となった。

この案に対し、「教育センターに丸ごと移転することでプライバシーがむしろ守られないのではないか」「新庁舎から距離のある教育センターを区民(利用者)が行き来することは大変ではないか」などの疑問が議会から噴出。実際に教育センターの現場を見てみると、そもそも躯体(建築構造を支える骨組みにあたる部分)に無理があることがわかり、構造的にも福祉事務所には向いていないということで、区は見直しを迫られる。

この段階で初心に戻り、新庁舎に戻せばよかったのだが、なぜか「福祉事務所を外に出す」という案だけは動かない。行き場をなくした福祉事務所機能をどこに持っていこうかと、新区役所整備課は苦心惨憺、悩んで探し回った挙句に、2021年6月になって突如浮上してきたのがスマイルなかの、現在、中野区社会福祉協議会が入っているビルのフロアである。

民間組織である社協を新庁舎に迎え、身内を外に出す不思議

社協が新庁舎に入ることは、当初から決まっていたらしい。思わず首をひねりたくなるのだが、社協は民間の社会福祉活動を推進することを目的とした民間組織である。連携が必要な場合も多いが、どうしても庁舎内に常駐する必要があるとはいえない。現に、他区でも社協が庁舎から離れた場所にあるケースは多い。

中野区では、その社協の職員が新庁舎に入り、代わりに生活保護課が庁舎から出て、スマイルなかのに入るということになった。

7月30日の厚生委員会で決まったこの新案を、現場の職員は突然聞かされて仰天することになる。なぜなら、区は福祉課を外に出すと決定した2020年3月に、その理由を「新型コロナウイルス感染症の影響もございまして、(生活保護利用者の)相当数の増加が見込まれてございます」と述べていたからだ。利用者増、職員増を見込んで広い場所が必要ということなのだが、3月の段階で感染拡大や区民の生活困窮を予測していたのだとしたら、それはそれですごい。

生活保護利用者の増加に伴う職員増員も考慮した上での「生活保護課の庁外移転」だったはずなのに、最終的に落ち着いたスマイルなかのの床面積が、現状の550㎡よりさらに狭い360㎡という結論に「え、え?・?・」となるのは道理である。

550㎡でも手狭だった事務所が360㎡になって、将来の職員増員どころか現時点での職員も収まりきらない。そこで、当局は斬新な案を出してきた。生活保護課を2つに分けるというのだ。つまり、こうだ。

・生活援護課、自立支援、中野くらしサポート→新庁舎
・生活保護課→スマイルなかの

ちょ、ちょっと待て、ワンストップどこに行った？

つまりこういうことか？

あなたが将来、生活に困窮し、生活保護の申請を考えるとする。まず、申請窓口となるのは生活援護課、つまり新庁舎だ。そこで相談をし、申請に至る。しかし、保護が決定したあとはスマイルなかのに行ってくださいねと言われる。健康な人であれば徒歩5分だが、生活保護利用者の多くは高齢者や障害をお持ちの方である。そんな人たちがスマイルなかのまで歩き、担当ケースワーカーと会い、その後、必要に応じて住民票を取得したり、稼働年齢であれば就労相談をするという流れになるが、それは新庁舎が窓口となる。ワンストップどころか、行ったり来たり。

新庁舎にいる生活援護課（最初に相談する課）と生活保護課（利用開始後に担当になる課）の連携は必要不可欠であるが、離れてしまって業務は成立するのだろうか。情報の伝達時にはＩＴ技術を頼るのだろうが、高いセキュリティを搭載したプログラムはハウマッチ？

また、生活保護課は大きな現金が動く課でもある。今後はお金を運ぶ警備員がずっと必要になるだ

ろう。ハウマッチ？　一体、いくらかかるのだろうか？

そして何より、区民の利便性はどこに行ったのだろうか？　ワンストップ！　お〜い、ワンストップ戻ってきて!!

二転三転した新区役所の企画、これは一体だれ得なのだろう？　考え込むほどにデメリット以外なにもないものに仕上がってしまっている。

生活保護課の庁外移転、他区の場合

東京都23区の自治体で、本庁舎内に福祉課がある区は15区、外に設置している区は8区ある。本庁舎内に福祉事務所があり、支所も複数箇所おいている練馬区、世田谷区などもあれば、本庁舎内に福祉事務所が入っていない区もある。新宿区、豊島区、渋谷区、板橋区などがそれだ。

新宿区は制度利用者の急増に伴い、庁舎が手狭になったために福祉事務所がまるまる外に出た格好となったが、豊島区と渋谷区は新庁舎建設をきっかけに、もともと入っていた福祉事務所を外に出した今回の中野区と似たケースだ。どのような理由で外に出したのだろう。

２０１５年5月7日に開庁した豊島区役所は、財政難を補うために再開発手法によって庁舎建設をしたという経緯がある。1階の一部および3階〜9階が区役所、1階〜2階には商業施設、11階〜49階は分譲マンションが整備された、かつてない新しいタイプの新庁舎だ。

福祉事務所と保健所を除外した理由は、

1、民間と合築で、1階は災害などの時に必要な豊島区の空間（としまセンタースクエア）と民間の商業施設となる。区役所がすべて占有できない。

2、福祉事務所にはシャワーなどの整備も必要で、3階以上には福祉事務所は置けない（シャワー設備が3階以上に入れられないという理由が分からないが…）など。

「路上生活者を新庁舎に入れたくない」とは決して言わないまでも、お話を伺った元区議は「根本的に「排除の思想・差別」はあったと思います」と、当時を振り返る。

「受給者が並ぶ、そんな状況はみっともないでしょう」

2014年10月に改築工事が終了した板橋区役所本庁舎南館。

当初、福祉事務所機能を入れて本庁舎でワンストップサービスが行えるようにしたいと提案があったにもかかわらず、それは実現しなかった。議事録を読むと、いろいろもっともらしい理由が並べられてはいるが、象徴的なのが2014年3月17日の予算審査特別委員会で自民党の区議が発言した以下。

板橋区区議会議員・川口雅敏　私は、現在の保健所、あそこに板福（板橋福祉事務所）を持っていったほうがいいかなと、そして、旧保健所のところに、また民間活力で保健所を建て、というのは生活保護の受給者が並ぶ、そんな状況は役所の前でみっともないでしょう。向こう側だったらいいんじゃないかなと、そんなようなことも思っておるんですけれども、その辺も少し考えてみていただければと思いますけれども。

こんなあからさまな差別発言をする人の方がむしろ「みっともない」と誰もが思う世の中を希求してやまない。近年、新庁舎を建設しながら福祉事務所機能を外に出す自治体に通底しているのは、いかなる理由をいくつ並べたところで、本音は生活困窮者を「見えなく」したい差別意識であるように感じる。差別する気はないとどんなに訴えようが、実際には排除のメッセージにしかなっていない。

生活保護課の現場の職員たちは、どのような気持ちで庁外移転のニュースを聞いただろう。そして、保護課を利用する生活保護の利用者たちはどのような気持ちになるだろうか。私は職員たちの気持ちを聞ける立場にはないが、中野区で暮らす生活保護利用者の知人はたくさんいる。聞くまでもないし、付き合いが長いからどんな返答があるかもだいたい想像もできるが、出会う人たちに聞いてみた。しかし、それは自分で想像していたよりもしんどい作業だった。

差別されて当たり前――生活保護利用者の声

「あちこち行かないで済む方がいい。みんな（全部の部署が）まとまってる方がいいよ。保護課はどこになるの？　ブロードウェイの近く？　で、新庁舎は？　ええ？　遠いな……」

（80歳男性　要支援2）

「（全部の部署が）一緒であることに越したことはない。なにかしら書類取りに行ったり、ハローワークの就労支援に行く際などに場所が別々だと困る。就労支援員とケースワーカーの連携はどうなるのかな、大変だろうな。生活保護課はいろんな部署との連携が必要だから、ほぼほぼ間違いなくケースワーカーは不便する。聞けば聞くほどおかしい。今までバラバラに点在していた部署を、新庁舎になるのをきっかけに一つにするならまだしも、その逆って……。生活保護を受けている身でこんなこと言うのはいけないんでしょうけど」

（20代男性）

「（庁外移転は）めんどくせえからかな。生活保護だけをどっか隔離して、新庁舎は一般的な人たち専用にしようとしているのかな。役所の職員たちに生活保護の人は普通じゃないっていう感覚があるんだろうね。区民だけど区民じゃないっていう感覚なんだろうかね。（庁外移転だと）あっちこっち手続きも大変だ。なんでどこも分けたがんのかな。分けてメリットデメリットあるんだろうけど、メリットねぇように思うんだけどな。めんどくせえのかな。隔離みたいな感じだよね。いい気分はしないよね」

（60代男性）

「おかしいよね、やることがおかしすぎる。弱い者イジメだよね、言葉悪いけどさ。なんでそんなことやるんかね」

（70代男性）

「（泣きながら）こういうの、差別だなって思うけど、私たちは声に出せない。病気であっても甘えてるって言われる、なんで頑張らないのって。そう言われるのが分かってるから表立って怒ることもできない」

（30代女性）

ここまで聞き取りをしていて、私は自分が「生活保護課だけが新庁舎から出されることについてどう思うか」と質問していること自体が暴力に思え、想像できていた回答の深い悲しさ、痛さに耐えられなくなって、これ以上の聞き取りは続けられなくなった。

差別というものは、している側がどう思うかは重要ではない。**されている側がどう思うかだ。どう思わされているかだ。**

そして私たちは誰一人として差別と無縁ではありえない。どんなに取り除こうと頑張っても、偏見や差別心は私たちの心の中に澱《おり》のように沈んでいて、油断したり、心が荒れれば舞い上がり、浮かび上がる。「澱」をずっと沈めておくためには、まずは私たちが差別心を持っているということを知ることからだと思うのだ。痛い作業ではあるが、そこからしか前進はない。

女性専用車両がある国

今から10年以上前、私が上海で中国語を学んでいた頃、スイスだったかオランダだったかから来ていた、娘であってもおかしくないくらいに若いクラスメートと交わした会話が忘れられない。

「シャオリン(小林)、日本の電車には女性専用車両があるんだって？　どうして？」

痴漢が多いからと私が答えると、彼女は「それは知っている」と答えて鼻で嗤《わら》った。

彼女が言いたかったのは、性被害が多い電車で、被害者となり得る女性たちを守る手段が「女性専用車両かよ！　情けなっ！」ということだったと気づいてから赤面した。

悪いのは加害者であるのに、その加害を撲滅するという根本原因の解決を放棄して、「被害に遭いたくなくば女性専用車両へ」と、なんの落ち度もない女性たちを隔離するという方法しか取れないでいる日本社会の未熟さを彼女は嗤ったのだった。

私とて「そういうもんでしょ」と思っていた。嗤われた時も実はムッとした。だけど、彼女に言われて初めて気づいた。私たちは女性専用車両が欲しいのではない。どの車両に乗っても、どんな時間帯であっても、性被害に遭わないでいられる社会の方がいいに決まっているじゃないか。

中野区を共生の町へ

生活保護を利用していることが他者にバレて、差別されたり白い目で見られるのは気の毒だから、庁舎外の方がいい、という声もある。悪意はない。しかし、そんな時こそ、私の上海時代のクラスメートの言葉を思い出して欲しいのだ。彼女はきっとこう言う。

「どうして生活保護課だけは庁舎外なの?」

他の市民に差別されるからだよ。

「悪いのは、差別する方でしょう? どうして、差別される側が出て行かなくちゃならないの? 区役所は差別をなくす努力を捨てて、差別される人たちを隔離するの? それは、守っていると言えるの? フンッ(←鼻で嗤った)」

中野区はごちゃまぜが魅力の町だ。

新庁舎ができた暁には、中野区が先頭に立って反

撮影＝小林美穂子(中野区役所写真)

差別の旗を振り、裕福な人も生活困窮者も、外国人も、学生も、セクシャルマイノリティも、女性も子どもも高齢者も、障害があろうとなかろうと、誰も白い目でなど見られず、肩身の狭い思いもせずに生きていける町を目指して欲しい。そのために、生活保護課は新庁舎内に再編して、プライバシーに配慮したレイアウトを作って欲しい（現時点の社会では必要だから）。

いつか、お金がないとか、障害があるという理由で人を差別することがとても愚かしい行為なのだと社会の認識が育った暁には、プライバシーに過度に配慮せずとも、誰もが堂々と来庁できるだろう。そんな日を夢想する。

あちこちでジェントリフィケーションとやらが進み、町が色を失くし、置いてきぼりをくらう人が増える中で、中野区が共生の道を選択すれば、地価は上がらなくとも他区にはないカラフルな価値が今まで以上に光るはずだ。……と、私は思うよ。

【後日談】

２０２１年10月、区の基本計画が覆り、生活保護課も新庁舎に入ることが決まった。元々の基本計画があり得ないほどにひどすぎたので、撤回は当然とは言え、一度決まっていたことが覆るということは滅多にないことである。市民の声を無視しない区長であったのも幸いした。区長の勇気ある英断に大きな拍手を送りたい。

第2章

不毛の極み「扶養照会」問題

1　百害あって一利なし、生活保護申請に伴うムダ作業「扶養照会」の弊害

ある秋の日、私は知人のそれまでまったく知らなかった過去を知った。朝日新聞にも大きくとりあげられた「扶養照会」にまつわる出来事である。

知人が小学校低学年の頃、離婚していた父親が、女手一つで兄弟を育てていた母親を刺殺する。母を失った兄弟は児童養護施設で育った。能力にも人の縁にも恵まれた知人は、大学を卒業後、大企業に就職、現在は管理職となり、家族と幸せに暮らしている。父親とは事件以来30年以上連絡も取っていない。妻子には過去を隠し、父親は死んだと伝えていた。

そんなある時、関西の福祉事務所から1通の封書が彼のもとに届くのだ。年老いた父親が生活保護を申請した、その「扶養照会」通知である。

「扶養照会」とはなにか?

「扶養照会」、一般的にはあまり知られていない言葉かもしれない。

簡単にいえば、福祉事務所が生活保護を申請した当事者の家族に対し「援助できませんか?」と問い合わせることである。

生活保護法4条2項は、「民法に定める扶養義務者の扶養は保護に**優先して**行われるものとする」とある。「優先」であり、「要件」という言葉は敢えて使っていない。つまり、家族が生活費を支援してくれるのであれば、そちらを優先してね、という意味でしかない。

そして民法上、強い扶養義務を負うのは、夫婦同士と未成熟の子ども(※)に対する親だけで、成人した親子同士や兄弟姉妹同士の扶養義務は、「扶養義務者とその同居家族がその者の社会的地位にふさわしい生活を成り立たせた上でなお余裕があれば援助する義務」にとどまる(生活保護問題対策全国会議『間違いだらけの生活保護バッシング』(明石書店)より)。

※ 未成熟の子ども：成人年齢に達しているかにかかわらず、経済的に自立できていない子を意味する法律用語。

どこまで親族に責任を負わせるのか？

照会対象としている親族の範囲は非常に広く、最大、三親等が対象になる。

「三親等」なんて単語を人生でほぼ使ってこなかった私は、頭の中で確認しながら言わないと「三頭身」と言い間違える。実際「三親等」がどこまでの血筋を定めているのか考えてみると、私のボンヤリした頭の中でファミリーツリーが揺れ始めておぼろげになるので、以下にまとめる。

すごくないですか？　この広域さ(表)。

福祉事務所の実務でも《生活保持義務関係》の場合は、重点的扶養能力調査対象とされ、特に厳しく

扶養照会の対象となる親族

《生活保持義務関係》	婚姻関係にある配偶者，中学３年以下の子に対する親（離婚した元配偶者）
《生活扶助義務関係》	父，母，子，祖父，祖母，孫，兄弟，姉妹
《相対的扶養義務者》	おじ，おば，甥，姪

追及されるため、夫婦間での暴力被害などがあった場合は、扶養照会が大きな障壁になるだろう。

《生活扶助義務関係》になると重点度合いは低くなるものの、しっかり照会される。

これまでの私の経験上、おじおば、姪甥にまで照会を送ろうとしたケースは1件しかない。父子家庭で育ち、父親のネグレクトの果てにおばに育てられたもののの、養育期限が「高校まで」だったため、卒業と同時に上京した若い男性のケースだった。このように、おじやおばが事実上の育ての親であるとか、裕福で金銭援助を受けていた経歴がある場合だと照会される可能性があるが、例外中の例外(※)だと思ってもらってよい。

問題は、婚姻関係にある配偶者、中学3年以下の子に対する親(離婚した元配偶者)、父、母、子、祖父、祖母、孫、兄弟、姉妹である。書いてて「バカじゃないの?」と悪態もつきたくなるほどにその範囲は広く、生活保護申請者が単身者でなく夫婦世帯だった場合、照会対象は2倍になる。

※　民法877条2項によると、おじ、おば、甥、姪が相対的扶養義務者に該当するかどうかは、家庭裁判所の審判等によって定められる。福祉事務所の判断のみで扶養照会をすることは法的にみても違法である。

生活保護とイエ制度

扶養照会は１９２９年制定の旧・救護法では保護の「要件」とされていた。その理由は「イエ制度」を守るためである。１９４６年に制定された旧生活保護法でも要件として引き継がれた。

その後、１９４７年に日本国憲法が施行される。私たち生活困窮者支援をするものにとっては、とても馴染みのある憲法25条〈すべて国民は、健康で文化的な最低限度の生活を営む権利を有する〉(無差別平等の原則)が生まれた。この憲法25条で「すべて国民は」と謳われているために、無差別平等に権利を守る必要が生じ、それまで引き継がれてきた「扶養義務者が扶養をなしうるものは保護から外す」という規定は、封建的かつ時代錯誤となったのだ。１９５０年に現行の生活保護法が制定された時に、この規定は当時の厚生省保護課長・小山進次郎氏らによって削除された。

それから70年が経った今、「イエセイド」と言われても「ん？　何語？　馬の名前？」と聞き返されかねないほどに、価値観も、家族形態も、生活様式も変わってきている。労働環境では終身雇用が崩壊し、非正規や契約社員、アルバイト、日雇いなど、景気の調整弁として働く不安定就労の形が定番となった。２０２０年の非正規雇用者数２０９０万人、実に全体の37.1%を占めている。

扶養義務は「要件」から「優先される」と緩和されたものの、まだ足りない。だって、家族を援助したくても、それができる人などごく一握りなのが現状だし、家族の形はもう古き時代には戻らない。社会も人も家族も大きく変わった今の時代に「扶養照会」だけが居座って、人々を苦しめている。

「生活保護は税金なので」

この1年ほどの間、コロナ禍で仕事を失った老若男女たちを何人も福祉事務所にお連れした。若いネットカフェ生活者には親によるネグレクトや虐待を経験している者も多く、その場合は多くの自治体で扶養照会を止めてもらったり、世帯主である親元に送付される特別定額給付金申請書（10万円支給）の郵送を止めてもらったりした。しかし、残念ながら扶養照会を水際に使っていると疑われても仕方のない例、そして扶養照会が家族の健康にすら影響した例もあったので紹介する。

●申請者は父親による暴力にさらされ、幼い頃から児童養護施設で育った。母親は誰だかも知らない。反社会的組織組員だった父親（現在推定90歳オーバー）には一度も育てられたことはなく、50年以上会っていないがゆえに生存も消息も分からない。

【↓福祉事務所対応】

「（父親への扶養照会を）規則なんで私の一存では止められない」

結果的にはしなかったかもしれないが、申請者に対しては明言を避け続けた。

●申請者は若い男性。シングルマザーに育てられ、大学卒業後に勤めた会社のハラスメントで体調を崩し離職。しっかり者の姉夫婦宅に1年間居候したが、不仲になって着の身着のままで飛び出してきた。虐待被害があるわけでもないし、母親も稼働年齢層のため扶養照会をしなければならないという福祉事務所。母親も生活に余裕はないため、申請者にはあらかじめ母親に電話をしてもらい、扶養照会通知が届いても驚かないように、そして「援助は無理」と答えてもらうよう説得してもらったが、母親に泣かれた申請者は苦しそうだった。

【→福祉事務所対応】

ケースワーカーは、結局母親には扶養照会をしなかったのだが、姉にはしてしまった。不仲になっている姉には事前連絡もしていなかったため、ショックを受け、激昂した姉から罵倒される。後日ケースワーカーをとがめると、「しないで欲しいって言われなかったから」という呆れた返事。生活歴の聴き取りで、姉の家を出てきた経緯だって話してあったのになんという言い草か。姉夫婦はその後離婚。男性は今でも自分のせいだと感じている。

●若い女性申請者の扶養照会をすべきか止めるべきか、担当ケースワーカーが悩んでいた。どんなに聴き取っても母親による暴力はない。ネグレクトはありそうだけど判断が難しい、なにより母親に経済力がそこそこありそうだ……。

しかし、私は申請者の女性からそれまでに家族の話をたくさん聞いていたので、隣にいる申請者に聞いた。「今、目の前にお母さんが現れたら、どう思う？　どうする？」

間髪入れずに彼女が「殺す、すぐ殺す」と美しい目を険しくして答えた。

【→福祉事務所対応】

結果的に扶養照会はされなかったが、「照会されたくない」という意思表示だけでは難しかったケース。同行していなかったら強行され、彼女は申請を取り下げたかもしれない。

扶養照会がネックで助けを求められない人がいる

昔、なにかのCMで「お箸の国の人だもの」というのがあったが、それより「お恥の国」の方がしっくりくると私は常日頃感じている。恥の文化がもともと根深いこの国で、「生活保護を恥と思わなくなったのが問題by片山さつき」など一部の政治家が恥の意識をさらに煽り、メディアも一斉に不正受給を番組でとりあげる。不正受給者の通報を促す自治体も現れたし、何が「不正受給」かも分からないまま、パチンコをした近隣住民を通報する市民も続出。地獄である。

「不正受給を減らせ」と叫ぶ人たちは、その不正受給額が保護費予算の0・4％程度であることも知らない。そして生活保護を受けるべき低所得の人たちのたった2割程度しか生活保護につながっていない「漏給」が問題視されることはほとんどない。

こんな「お恥の国」で、扶養照会がネックとなって助けを求めない人たちはたくさんいる。家族関係が悪ければなおさら、たとえ関係が良好な場合でも、自身の困窮を家族に知られるのを「恥」に思うのが日本人の国民性だ。実際、体を壊して治療が必要とされる状態になっても、なお生活保護に頼らない路上生活者の理由トップ2が「扶養照会」と「施設の強要(※)（保護法違反）」だ。

「自己責任論」や誤った「不正受給」の情報ばかりが一人歩き……どころか、この小さな島国の津々浦々まで走り回り、行き渡った。その結果が差別の助長、生活保護の受け控え、果ては自殺、餓死、心中などの悲劇につながっている。

ある日突然、どこかの自治体から扶養照会の通知が送られて来たら、家族は間違いなく動揺するだろう。援助できない自分を後ろめたくさせるだろうし、過去の家族関係のトラウマや怒りを噴出させるスイッチになることも多い。また、それまで危ういながらもなんとか形を保っていた家族関係を決定的に壊してしまう効果も「扶養照会」にはある。恥の文化が家族を引き裂く。

一体どうしてこんなことを続けているのだろう。

※　施設の強要：生活保護法には「居宅保護の原則」があり、施設入所を強要することは禁じられているが、実際は住まいがない状態で申請した際、本人の意思に反して施設入所を保護の前提であるかのように説明する自治体は多い。

扶養照会の実績0・3%‼ の衝撃

長年連絡を取ってもいないために住所はおろか、電話番号も知らない家族の居所を、戸籍謄本やら附票やらを取り寄せて突き止めていくのは骨の折れる作業である。場合によっては数か月かかる。なので、保護の決定は大体見込みで行われるのだが、この事務作業は福祉事務所職員にとってもかなり負担になっていると思われる。しかもその成果を知れば、彼らの作業がいかに虚しいか分かっていただけるのではないか。

東京都足立区の小椋修平区議が2020年6月の区議会本会議で「昨年度、新規申請世帯は何件で、そのうち、扶養照会により実際に援助がなされた例は何件か」と質問した。その回答に私はのけぞった。フラッシュダンスばりにのけぞって(古い！)、天井から水が浴びせられるような衝撃を受けた。

・2275件中、金銭的援助ができると答えた家族……7件

7件!! ななけん!! な、な(しっこい)!! でも、これ、実に0・3%なのだ。これが不毛でなかったら、世の中に不毛なんてものは何一つない。「存在するものすべてに意味があるよね」と私は目を細めて謎の宗教家みたいに微笑もう。

扶養者を探す作業も、手紙を送る作業も、その切手代も、すべてにお金と労力がかかっているのである。荒川で砂金を探すような作業の果てにあるものは、家族の崩壊であり、助けを求められないおびただしい数の生活困窮者の姿である。

今や不動産会社ですら個人の連帯保証人などあてにせず、民間の家賃保証会社を使っている。家族形態が様変わりしたことも、みんな家族を養うほどの余力などないことも、生き残りにシビアな民間企業はとっくに知っている。

「扶養照会」を水際の切り札として使うのではなく、目の前にいる相談者のご事情や思いを受け止め、家族の関係をそれ以上悪化させないためにも、福祉事務所の職員には柔軟な対応を希望する。そしてそれは、自分たちの不必要な作業を減らし、目の前の相談者に丁寧に向き合う時間と余裕を与えてくれるはずだ。

2 命を守るため、扶養照会の無効化を

生活困窮した人を制度から遠ざけるもの

風呂も冷暖房もなく、隙間風が吹きこむ室温は冬には零度にまで下がる。夏には熱中症でこれまで数人亡くなり、廃屋のようなアパートの最後の住人となった初老の男性は、アルバイトや日雇仕事で命をつないでいた。

生活保護の申請に同行すると、ケースワーカーが「親族に連絡をしなくてはならない」とお決まりのセリフを言う。

男性はうつむいて「保護をお願いしてこんなことを言うのはいけないんでしょうけど、どうかきょうだいには知らせないでください。10年前の親の葬式の時にも口もきかなかったし、近くにも寄らなかった」。

ケースワーカーが探るように理由を聞くと、もともと囁くように喋る彼は、うなだれたまま絞り出すように「ずっといじめられてたから」とつぶやいた。

別の、やはり初老の男性は、固く口を閉ざして家族の情報を断固として話さなかった。家族関係を問うケースワーカーに対し「自分の身に何があっても知られたくない。死んだら無縁仏になる方がいい」とそれだけ言うと固く口を閉ざした。

「厚労省に怒られる」――板挟みになる福祉事務所

扶養照会をされる当事者にも、照会が届く親族にも不幸をもたらすこの扶養照会は、それを遂行する福祉事務所職員にも福はもたらさない。以下は私が、心ある職員から実際に耳にした言葉だ。

「私だって扶養照会なんて無い方がいいと思っています。実際、援助できる家族なんてほとんどいないし、私たちも相談者と信頼関係ができない。辛い思いをさせているのが分かる」
「時代に合ってないよね。切手代も労力もバカにならないし。扶養照会を送られた親族が怒鳴り込んでくることもある。ビリビリに破られた照会通知が返送されてきたりすると、心が折れそうになる。たまんないですよ」
「個人的には扶養照会はない方がいいですよ。所長もそう思ってるんじゃないかな」

そしてみんな困ったような顔をして、「でも、厚労省に怒られるんですよ。扶養照会してないと。なんでしてないんだ！　って」。

そう、扶養照会を見直してもらうためには、ボスキャラ厚労省を動かさないといけないのだ。そのために、私たち支援団体、生活保護制度に詳しい法律家、研究者、地方議員たちが持てる力の限りを尽くして今動いている。その動向を紹介させてほしい。

●2021年1月16日　アンケート結果発表！

年末年始の炊き出し参列者のアンケート結果をオンライン記者会見にて発表（後日、各紙に取り上げられる）。

アンケート調査には、165人の回答があったが、そのうち、約8割の128人が生活保護を利用していなかった。その人たちに制度を利用していない理由を聞いたところ、最も多かった回答は、「家族に知られるのが嫌だから」で34・4％（図と表）。20～50代に限定すると、77人中33人（42・9％）にのぼっていた。

利用していない理由の回答（複数回答可）

	利用できないと思う	過去の役所の対応	家族に知られるのが嫌	相部屋の施設が嫌	自分の力で頑張りたい	その他	無回答
B（過去利用）	0.0	**59.1**	31.8	**40.9**	13.6	13.6	4.5
C（利用歴なし）	17.0	15.1	**34.9**	14.2	**21.7**	**32.1**	10.4
合　計	14.1	22.7	**34.4**	18.6	20.3	28.9	9.4

（単位％）

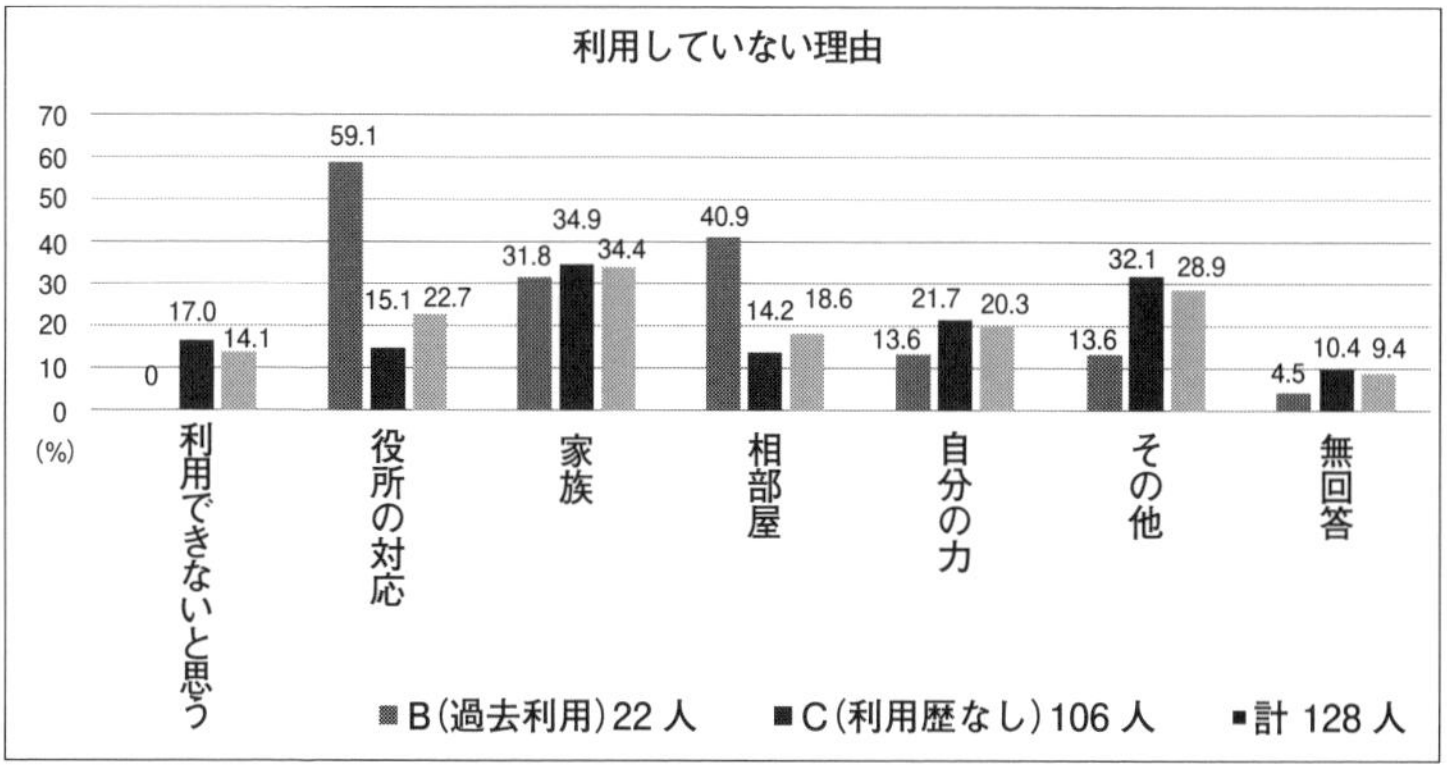

生活保護利用に関するアンケート結果

生活保護の利用を妨げている最大の要因が扶養照会であることが明らかになったので、運用の改善を求めるネット署名「**田村憲久厚労大臣・・困窮者を生活保護制度から遠ざける不要で有害な扶養照会をやめてください！**」を始める。

●1月22日　つくろいの名が国会で！

国会代表質問。一昨日は立憲民主党の枝野幸男氏が「パンドラの箱が開いた」と自助の限界を訴え、同じく立民の逢坂誠二氏が扶養照会を問題にしてくれた。

今日は共産党の小池晃氏が「つくろい東京ファンド」と明言。吹けば飛ぶような弱小団体の名前が国会で呼ばれる照れくささよ。

アンケートに走り回ってくれた皆さん、協力してくださった当事者の皆さん、そしてあっという間に集計結果をグラフにしてくれた友よ、おかげさまでこうして総理の耳に(本人は嫌だろうけど)届きました。ありがとうございました。ここからです。頑張りましょう!

●1月24日「生きる」を支えたい。扶養照会が摘むもの

知り合って4年ほどになる若者は、知り合った時から困っていた。幾度となく生活保護を勧めたが、「考えておきます」。そこで会話は終わった。

どうしても生活保護には踏み切れず、不向きな仕事で消耗したり、社会福祉協議会(以下、社協)の貸付を受けたりしながら生活をなんとか維持していたが、ついにその生活も限界に。完全に詰んだ。

彼を生活保護から遠ざけてきたのは、扶養照会の壁。

「親には絶対に言えない」

両手で身体を抱き、前かがみになって苦悶の表情を浮かべた。

信頼する区議が福祉事務所の係長や弁護士につないでくれ、私を含めた4人がタッグを組んで彼を支える網を張った。私たちにできたのは具体的な選択肢やアドバイス。そして、受け止めるから、大丈夫だからと言い続けながら本人の決断をじっと待つこと。

自死を選ぶのではないかと、半ば覚悟をしながら祈るような気持ちで見守っていたが、彼は自分一人の力で、痛みをこらえて壁を乗り越えた。自力で這うようにして進み、今日、無事に保護申請し、

その後も元気でいるとの報告をしてくれた。

生活困窮して4年。生活保護を利用すると決めてからも、親の理解を得るために半年もの時間をかけている。

扶養照会がなければ、こんな苦労はさせないで済むのだ。

若い命が失われるかどうかの心配もしなくて済むのだ。

無理をさせて、辛い思いをさせて、問題をこじらせ体調を悪くさせなくて済むのだ。

生きることを選び、それこそ死力を尽くして現実と対峙した若者に心から敬意を表したい。そして感謝を。がんばった！　本当にすごい。えらい！

●1月27日　声なき声を集める作業にご協力ください！！！

なんとしてでも扶養照会をなくしたい。

そのためには、私たちが耳にする辛い話を、厚労省や政治家の方々にも聞いてもらわなくてはならない。当事者の声はなによりも説得力があるから。

そこで、体験談を募集します。扶養照会を何らかの形で経験した方（生活保護利用者、元利用者、照会を受けた親族、照会する側の福祉事務所職員）の体験談を募集いたします。ネット署名の提出に合わせて厚労省に声を届けます（※2023年8月現在、体験談募集は終了）。

●2月2日　コロナは自己責任論の流れを変えた？

ＮＨＫの朝のニュースで扶養照会とオンライン署名のことが取り上げられる。

同時刻にＴＢＳの「グッとラック！」もまた扶養照会と生活保護特集。番組出演者の望月優大さん、ロンブー淳さんが頼もしい。

そして、コロナ前までは生活保護バッシングを煽ることの方が多かったテレビ局やタレントたちが、これ以上ないほどに慎重に言葉を選びながら生活保護や扶養照会を語っている。その中心に我々の実施したアンケート結果がある。

望月優大さんのコメントがいちいちポイントを突きまくり。ありがたい、ありがたい！

これまで長い間、完全におかしなことになっていた市民感情が、コロナをきっかけに正常になろうとし始めているのだとしたら、満身創痍の体にエネルギーが湧く。

私たちが声高に叫んでいることをタレントや、落語家の立川志らくさんが説明してくれている。これまで一歩も進めなかった議論が一気に進んでいる様子がにわかに信じられず、「夢じゃないっすよね」と独り言。

そう、生活保護は権利ですよ。

この社会を、生存をかけたイス取りゲームにしてはいけない。みんなで一緒に助かりましょう。税金は特定の誰かのためにあるのではなく、誰もが使えるためにある。そのためにみんな払っている。払ってない人は一人もいないのだから（消費税も税です）。

みんなで生き延びるために、生きるためのハードルを下げていきましょう。議論を、始めましょう。

●2月8日　厚労省申し入れ

オールメガネで総力を上げて扶養照会の弊害を訴えるの巻＠衆議院第一議員会館。厚労省の職員にオンライン署名（その時点で3万5806人）と、約160人分の扶養照会体験談を届けました。体験談は全部読んで欲しい。

●2月12日

その人の会話の半分は「すみません」と「申し訳ございません」「ごめんなさい」で形成されていた。

真面目な人ほど心が壊れやすい。壊れて動けなくなっても、他者ではなく、自分を責める。

働こうにも体が動かず、にっちもさっちもいかなくなって、「生活保護を考えている」と親に電話をすると、自らも困窮している高齢の親に

「親戚中に知られたらどうするんだ」と叱責され、万策尽き果てた彼はネットカフェの壁に紐をかけた。

あの狭いネットカフェの個室で、暗くて寒い公園のベンチで、今どれだけの人が夜中に死を考えているのだろう。

すべての自治体で生きる権利を支えて欲しい。制度へのハードルをバリアフリーにしてほしい。福祉事務所のカウンターで堰を切ったように泣き出した彼の嗚咽が耳から離れない。

ホテルにお送りする道すがら、元気になったらボランティアに参加させてくれ、苦しむ人たちの役に立ちたいのだと、その人は言った。

人の「生きる」を支えるはずの生活保護制度。その制度へのハードルをもっともっと下げるために私たちの闘いは続く。家族のありかたも雇用形態も経済も、昭和の時代とは様変わりした昨今、制度だけが旧態依然としているのはおかしい。アップデートを怠り続けた結果、私たちは幼少期に履いていた靴を大人になってからも履かされている。時代、実情に合った制度を作るのは国の責任だ。違いますか?

3　朗報！　扶養照会は止められる！

生活保護申請が国民の権利（by厚労省）というのなら

私たち「つくろい東京ファンド」が大人食堂で集めたアンケートでは、炊き出しに並ぶほどに生活が困窮しているにもかかわらず、8割の方が生活保護を利用していなかった。その最大の理由が生活保護申請を親族に知られる「扶養照会」だったことから、私たちはそのアンケート結果に加え、扶養照会の抜本的見直しを求める署名を集め、また、扶養照会に関わったことのある方々(被保護者、親族、福祉事務所職員)から体験談を募集して、2021年2月8日、3月17日の2度に渡り、厚労省に申し入れをした。

その結果(かどうか知らないが)、厚労省は2021年3月30日付で「『生活保護問答集について』の一部改正について」と題する事務連絡を発出した(同年4月1日施行)。

扶養照会新ルールの、なにが変わった?

一番大きな改善は、これまでほとんど尊重されなかった「申請者の意思」が尊重されるようになった点だ。まだ完璧ではないものの、大きな前進といえる。

「要保護者が(扶養照会を)拒んでいる場合等においては、その理由について特に丁寧に聞き取りを行い、照会の対象となる扶養義務者が「扶養義務履行が期待できない者」に該当するか否かという観点から検討を行うべきである」としたのである。

つまり、本人が「親族に知られるのがイヤ」って言っているのなら、その気持ちを尊重しなさいよ。そして丁寧に丁寧に聴き取りをして、親族たちに援助を期待できない理由をしっかり探すこと(そして扶養照会を止めてね……)。ということです。括弧内はちょっと意訳かもしれないが、そんな意訳もできるような、含みを持たせる文言なのだ。

厚労省の担当者は、扶養照会があまりに時代とも、現代の国民の経済状況ともかけ離れている現実、そして今後国民が直面するであろう経済的困難を憂慮し、敏速かつ大きな改善に踏み切ったのだと想像する。

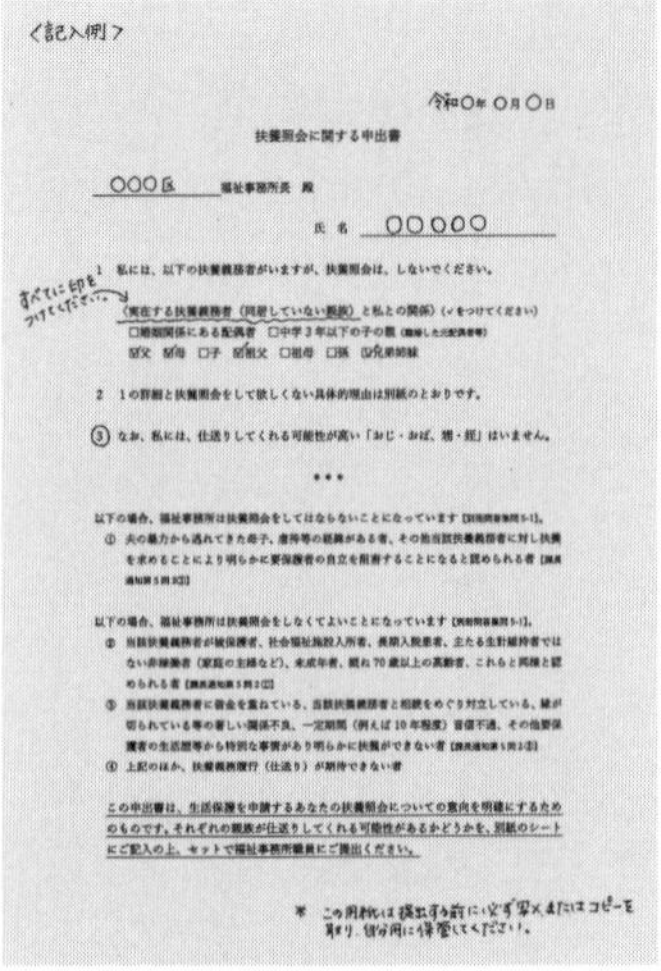

〈記入例〉

令和○年○月○日

扶養照会に関する申出書

○○○区　福祉事務所長　殿

氏名　○○○○○

1　私には、以下の扶養義務者がいますが、扶養照会は、しないでください。

すべてに印をつけてください

（実在する扶養義務者（同居していない親族）と私との関係）（✓をつけてください）
□婚姻関係にある配偶者　□中学3年以下の子の親
☑父　☑母　□子　☑祖父　□祖母　□孫　☑兄弟姉妹

2　1の詳細と扶養照会をして欲しくない具体的理由は別紙のとおりです。

③ なお、私には、仕送りしてくれる可能性が高い「おじ・おば、甥・姪」はいません。

・・・

以下の場合、福祉事務所は扶養照会をしてはならないことになっています。
① 夫の暴力から逃れてきた母子、虐待等の経緯がある者、その他当該扶養義務者に対し扶養を求めることにより明らかに要保護者の自立を阻害することになると認められる者

以下の場合、福祉事務所は扶養照会をしなくてよいことになっています。
② 当該扶養義務者が被保護者、社会福祉施設入所者、長期入院患者、主たる生計維持者ではない非稼働者（家庭の主婦など）、未成年者、概ね70歳以上の高齢者、これらと同様と認められる者
③ 当該扶養義務者に借金を重ねている、当該扶養義務者と相続をめぐり対立している、縁が切られている等の著しい関係不良、一定期間（例えば10年程度）音信不通、その他要保護者の生活歴等から特別な事情があり明らかに扶養ができない者
④ 上記のほか、扶養義務履行（仕送り）が期待できない者

この申出書は、生活保護を申請するあなたの扶養照会についての意向を明確にするためのものです。それぞれの親族が仕送りしてくれる可能性があるかどうかを、別紙のシートにご記入の上、セットで福祉事務所職員にご提出ください。

※　この用紙は提出する前に必ず写メまたはコピーを取り、自分用に保管してください。

扶養照会に関する申出書

要保護者の意向を尊重せよ、という新ルール

今回適用されることになった扶養照会の取り扱い改正内容は、親族が扶養できないことが明らかな場合は照会をしなくてもよい、というものである。

例えば、以下のような場合だ。

■暴力や虐待を受けたことがある場合（これに関しては扶養照会は**してはいけない**）。
■10年以上音信不通である。
■これまで仕送りを受けるなどの援助を受けていたが、これ以上の援助は期待できない場合。
■親族の年齢がだいたい70歳以上、あるいは未成年である。
■親族が生活保護受給中であったり、障害があったり、働いていないこと（家庭の主婦など）。
■親族が長期入院している、あるいは社会福祉施設入所者である。

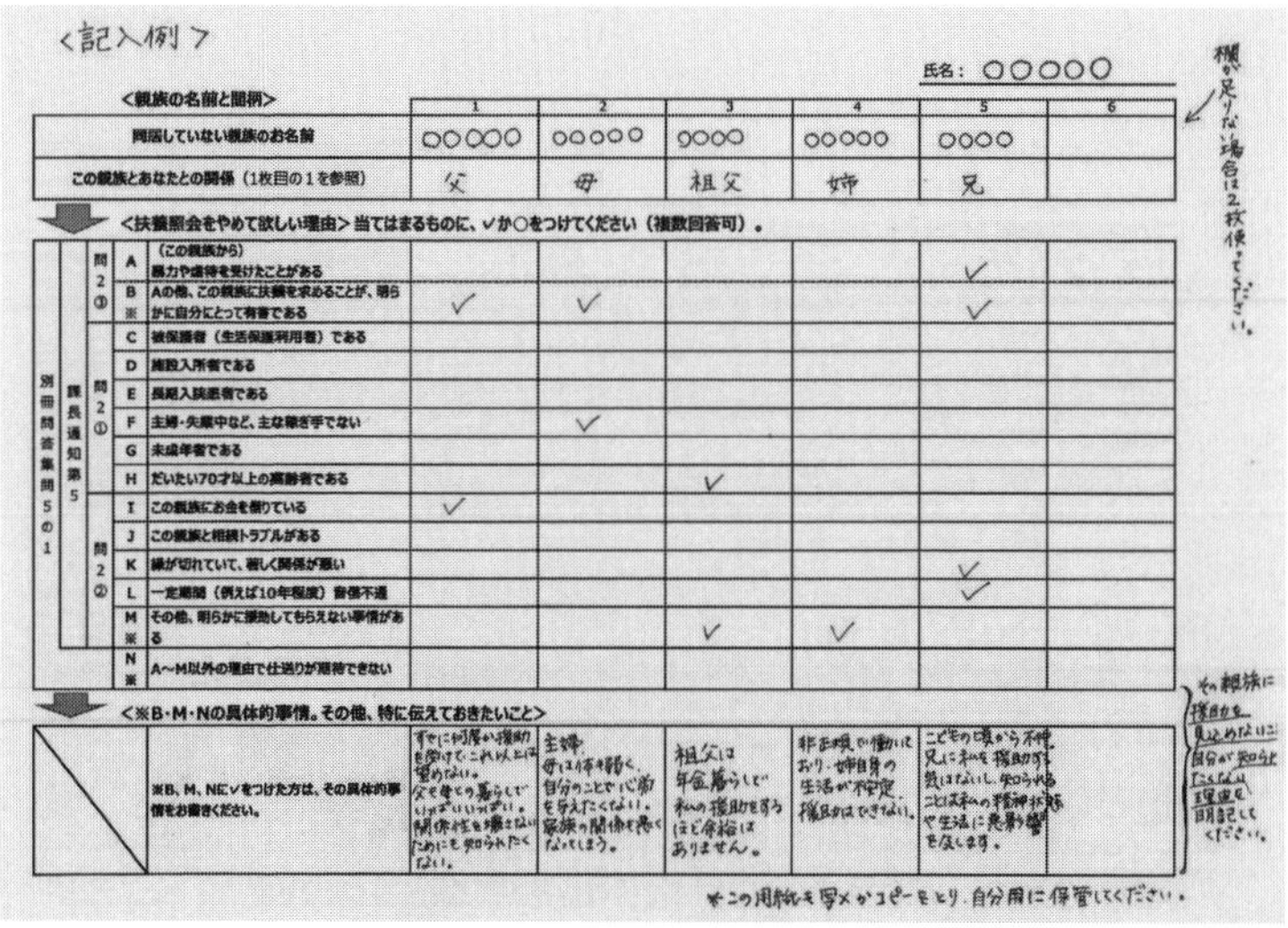

<記入例>

氏名：○○○○○

<親族の名前と間柄>

	1	2	3	4	5	6
同居していない親族のお名前	○○○○○	○○○○○	○○○○	○○○○○	○○○○	
この親族とあなたとの関係（1枚目の1を参照）	父	母	祖父	姉	兄	

欄が足りない場合は2枚使ってください。

<扶養照会をやめて欲しい理由> 当てはまるものに、✓か○をつけてください（複数回答可）。

別冊問答集問5の1 / 課長通知第5			1	2	3	4	5	6
問2③	A	（この親族から）暴力や虐待を受けたことがある					✓	
問2③	B ※	Aの他、この親族に扶養を求めることが、明らかに自分にとって有害である	✓	✓			✓	
問2①	C	被保護者（生活保護利用者）である						
問2①	D	施設入所者である						
問2①	E	長期入院患者である						
問2①	F	主婦・失業中など、主な稼ぎ手でない		✓				
問2①	G	未成年者である						
問2①	H	だいたい70才以上の高齢者である			✓			
問2②	I	この親族にお金を借りている	✓					
問2②	J	この親族と相続トラブルがある						
問2②	K	縁が切れていて、著しく関係が悪い					✓	
問2②	L	一定期間（例えば10年程度）音信不通					✓	
問2②	M ※	その他、明らかに援助してもらえない事情がある			✓	✓		
	N ※	A～M以外の理由で仕送りが期待できない						

<※B・M・Nの具体的事情。その他、特に伝えておきたいこと>

		1	2	3	4	5	6
	※B、M、Nに✓をつけた方は、その具体的事情をお書きください。	すでに何度か援助を受けてこれ以上は望めない。父も母との暮らしでいっぱいいっぱい。関係性を壊さないためにも知られたくない。	主婦。母は体も弱く、自分のことで心配を与えたくない。家族の関係も悪くなってしまう。	祖父は年金暮らしで私への援助をするほど余裕はありません。	非正規で働いており、姉自身の生活が不安定。援助はできない。	こどもの頃から不仲。兄に私を援助する気はないし、知られることは私への精神状態や生活に悪影響を及ぼします。	

その親族に援助を見込めないこと、自分が知らせたくない理由を明記してください。

＊この用紙も写メかコピーをとり、自分用に保管してください。

扶養照会に関する申出書の添付シート

■この親族と相続トラブルがある。

■経済的援助が見込めないこと。

■暴力や虐待はなくても、この親族に扶養を求めることが、明らかに本人にとって有害である場合。

窓口で他人に複雑な家庭の事情を事細かに説明したり、根掘り葉掘り聞かれるのは弱っている身には堪える。なので、これさえあらかじめ記入しておけば、自分の意思や親族との状況がたちどころに分かり、しかも扶養照会を止めてもよい法的根拠まで分かるという、申請者にも福祉事務所にも役に立つ申出書と添付シートを、私たちつくろい東京ファンドは生活保護問題対策全国会議の皆さんと作成したので、ぜひ、活用していただきたい。

添付シートには、親族一人ひとりに「知らせて欲しくない」そして、「援助してくれる見込みはない」ということが分かるように明記してあればいい。それでも「扶養照会する！」という福祉事務所があれば、ぜひ、知らせて欲しい。厚労省が「しなくていい」と言っているにもかかわらず、そこまで熱心に扶養照会をしたいのは、嫌がらせ以外にどんな意味があるのか興味があるし、止めてもらえるよう助太刀いたす。

4　運用改善後も相次ぐ相談。照会したがる福祉事務所の言い分を検証する

繰り返すが、扶養照会実績はほとんど無い！

「親族に頼れるくらいなら、こんなとこ（福祉事務所）来てないよ」

生活保護申請に同行した際に相談者がため息交じりに吐いた言葉だが、ほとんどの申請者を代弁する言葉だろう。

親族に援助の可否を問う扶養照会の実績はほとんどなく、都市部になると0％という自治体もあるほどだ。

切手代も労力もバカにならないうえに、照会通知を送った親族にも嫌がられ、時には怒鳴り込まれたり、ビリビリに裂かれた通知が返送されたりする。

扶養照会によって壊れる家族関係もある。福祉事務所の職員が私に「扶養照会で壊れる家族なんてありませんよ」と笑ったことがあるが、「(ﾟДﾟ)ハァ？」である。スティグマの強い地方都市出身の若者

が、生活保護を申請したことを親族に知られて大騒ぎになり、挙句に勘当されてしまった例を私は実際に知っている。「小さい村なんです。村八分になる」と、固い顔でうつむいた人を知っている。扶養照会で壊れる家庭がないなんて、一体、何を根拠にそんなことを言えるのか、驚く。

「扶養照会を強行される」次々と寄せられる相談

厚労省が事務連絡を出し、運用は変わった。

扶養照会の高いハードルを前に生活保護申請に踏み切れなかった人たちが、助けを求めやすくなったと私たちは手放しで喜んだ。ところがどっこいである。

驚くことに窓口では相変わらず「扶養照会は決まりですので」「原則しなくてはならない」。判で押したような対応が続いていたことを、私たちは全国からの問い合わせにより知ることになる。

なぜ？

申請者の前に立ちはだかるその高く厚い壁を、「取り除いてもいいよ」とお上からお達しがあったあともなぜ？　無駄と分かっているのになぜ？　超多忙で仕事が回らないと苦しんでいる職員の面倒な作業が一つ減るのになぜ？　明らかに税金の無駄遣いなのになぜ？

なにより、扶養照会が申請者や親族を苦しめていることを一番知っている立場にいながらなぜ？

なぜ？　なぜ？

まさか考えたくはないが、扶養照会を必要としていたのは福祉事務所だったのか？！

まったく意味が分からないのだが、私はあえて努力して福祉事務所がそれでも扶養照会をしたがる理由を考えてみることにした。

「それでもやる」その理由を想像する

①そもそも知らない

厚労省から通知が出て運用が変わったことを知らない。多忙につき研修や勉強会が行き届いていない場合もありそうだが、ただの不勉強な人もいるかもしれない。体感としては、東京から離れれば離れるほど、時差が生じているように感じる。それにしても、改善から2年以上が経過しているのに？

②扶養照会の武器利用を継続したい

扶養照会が水際作戦（追い返し）の最大の武器になることを知っているために、その武器を手放したくない。また、福祉事務所職員が生活保護は「権利」ではなく「恩恵」であり、その「恩恵」を自分たちが施してやっているのだという歪んだメンタリティの持ち主であれば、申請者が意思を主張することにムッとする。腹立たしいと感じる。扶養照会は申請者にとっては一番痛い泣き所であるため、マウンティングの最強武器として使い続けたいと願っている。「するか、しないかを決めるのはこっちだ」を手放せない。圧倒的な力の差異がある中で、この公権力の行使は暴力に近い。職務をはき違えているので転職して欲しい。

③緊急連絡先を知るために必要

「例えば入院した時やお亡くなりになった時に親族に連絡ができないと困る」が、福祉事務所職員が口にする「扶養照会の必要性」のダントツ1位。

これで思い出すのは、身寄りのない利用者のご遺体13人を最長で3年4か月冷凍庫に放置していた名古屋市のケースだが、日本の法律上、親族の許可がないといろいろ手続きが不便なのは事実。ですが！　で、す、が！　あちこちで何度も言っているが、それは「扶養照会」という方法でしかできないものなのだろうか？　思考停止してないですか？

生活保護申請と同時に扶養照会を迫れば、「要件」と誤解されても仕方がない。

被保護者が扶養照会を拒んでいる場合、担当職員（ケースワーカー）は被保護者との関係や信頼を構築したあとで、「もしもの時の緊急連絡先はどうしましょう」と話し合っていけばいいのでは？　援助の可否とは別に分けて。援助（特に金銭的援助）はどうせ見込めないのだから、無駄と分かってる作業を敢えてすることはない。

④精神的援助があった方がいい

これも③と同様で、保護利用者が必要と思えば自分で連絡を取ればいい。親族との関係性が悪くない場合、アパート転宅ができて生活が安定した時点で自分から連絡をする利用者はいる。そこで精神的援助は得られるようになるだろう。役所が本人を飛び越えてやらなくていい。大人だから必要だと思えば自分でできる。

⑤安否が分かって喜ぶ家族もいる

これも③と④と同様。本人が安否を知らせたいと思ったら本人がすればいいこと。職員は「喜ぶ家族もいる」と言うものの、「どれくらいいるんですか？」と聞くと目を逸らして「たまーに」と答える。「(ﾟДﾟ)ハァ？」である。

扶養照会によって家族の安否を知れて喜ぶケースと、照会されることによってネガティブ（それどころか不幸）な結果になるケースの割合は比較にもならない、そのことは福祉事務所の皆さんが一番ご存じのはずだ。

⑥監査で厚労省に怒られる

扶養照会をしないと、厚労省や東京都の監査があった時に「なんでやってないんだ！」と怒られると主張する福祉事務所職員もいるが、私はこれがちょっと分からない。

厚労省が「省いていい」と言っているけれど、実際に省いたら「なんでやっとらんのじゃー‼」と怒るのだろうか？　厚労省が二枚舌だと？

厚労省や都・県の監査で怒られるとしたら、それはケース記録に扶養照会を省いた理由がちゃんと書いていないからではないだろうか？ そんな時のために、申請者のみならず、福祉事務所の職員にも便利で使える「扶養照会に関する申出書&添付シート」を作ってありますので、どうぞご活用ください。そして不要な作業を減らして過労を防いでほしい。

運用改正の事務連絡はリトマス試験紙

扶養照会の運用は変わった。

この運用通りであれば、扶養照会は実質的には誰でも止められるはずなのに、そうはなっておらず、全国から相談が届き続ける。なぜ、こんなことが起きるかといえば、それは厚労省の事務連絡が扶養照会を「省いてもよい」と書いているのであって、「してはならない」と禁止事項にしていないからだ。

暴力・虐待・ＤＶなどがあった場合は「してはならない」であるにもかかわらず、そんなケースにすら「決まりなんで、照会します」と強行されそうになった報告も何件かある。

私たちが作成した「扶養照会に関する申出書」も、職員によっては「むしろ助かります」と受け取り、「照会は省きます」と申請者を安心させてくれる。

一方で、「そんな事務連絡は出ていない」と虚偽の説明をする職員もいれば、申請者が持参した申出書を受け取り拒否するようなすごい自治体（杉並区荻窪福祉事務所）も出てくるのである。

そして、厚労省が生活保護手帳別冊問答集に加筆した「要保護者が扶養照会を拒んでいる場合等においては、その理由について特に丁寧に聞き取りを行い、照会の対象となる扶養義務者が（扶養義務履行が期待できない者）に該当するか否かという観点から検討を行うべきである」についても、まったく異なる解釈がされるのである。

要保護者が何度も、何度も、何度も、扶養照会をしないでくれと頼んでいて、その記録も残っていて、加えて親族に援助する見込みもないし、照会を省いていい要件はいくつも当てはまる、そんな例ですら、職員はまったく耳を貸さずに最終的には相談者を諦めさせ、それを「丁寧に聞き取りをした結果、了承を得た」ということにしてしまう。よくもここまで捻じ曲げることができるものだ。

生活保護の手引きや申請書の改訂、さまざまな動き

扶養照会の運用をめぐる攻防はあちこちで続いていて、例えば足立区は生活保護申請書に扶養照会

をされたくない理由を書き込める欄を設けた。
また、中野区は「生活保護の手引き」の扶養照会の説明を改訂し、次のように記述した。

> 親子・兄弟などの扶養義務者からの援助は、生活保護法による保護に優先されます。ただし、扶養義務者がいるということで、生活保護を受ける事ができないというものではありません。扶養義務者に援助の可能性について照会を行うことがありますが、**それぞれの事情により、「扶養義務の履行が期待できない」と判断される場合などは、基本的に福祉事務所から直接の照会を行わない事とされています。**

2023年4月の朝日新聞調査（自治体が扶養義務者としてリストアップした親族のうち実際に照会した人の割合）によると、2021年度の中野区の照会率は5・5％、足立区は17・6％と全国でも極めて低くなっていた。2022年3月まで、扶養照会は生活保護の「要件」であるかのような説明をホームページに堂々と上げていた自治体（東京都杉並区）とはえらい違いだ。今後の改善を期待している。

「家族は助け合うもの」。家族の形態も変わり、雇用経済状況も大きく変わった今、それができる家族はどれほどいるのだろう。それどころか自分たちの生活でいっぱいいっぱいな人でこの社会は溢れている。だから扶養照会の援助実績は、限りなくゼロに近いのだ。こんな不毛で非合理的なことで人々を制度から遠ざけたり、親族を悲しませたりするのはやめないか。そのためには扶養照会は改善ではなく、廃止してもらうしかない。

生活困窮した人たちや、扶養照会される親族のためだけでなく、被保護者としっかり信頼関係を築き、その生活や健康を立て直す手伝いをしたいと願う健全な志を持つ福祉事務所職員たちのためにも、扶養照会は廃止してもらいたい。

【追記】 2022年7月、杉並区長が田中良氏から岸本聡子氏に代わった。区民の声に耳を傾ける新区長のもと杉並区の福祉行政が変わり始めている。

5 透明な存在——ネットカフェ生活15年の男性から見た社会

まだ6月だというのに35℃超えを記録した猛暑日、私は西多摩のある市を目指していた。体を壊して失職し、生活保護の申請を決意した河合さん(仮名)に会うために。彼からは生活保護申請に伴う扶養照会の相談を受けていた。

河合さんは若い時分に結婚をし、子どもが生まれたあとに離婚をした。元妻はすでに再婚しているだろうし、子どもは自分の存在を知らずに母親の再婚相手を父親だと信じて生きてきたに違いない。成人した実子の足を引っ張るようなことをしたくないと思うのは人情というものだ。

ご事情を聞く限り、実子を含め、親族に河合さんを援助する見込みは無く、そして扶養照会が河合さん本人含め、親族すべてを苦しめることは容易に想像がついた。扶養照会されるなら生活保護申請はできないという河合さんに付き添い、自治体の福祉事務所に行くことに。

実際に会うと、河合さんは携帯ショップやおしゃれな飲食店で働いていそうな方だった。「年齢より若く見られます」と本人もおっしゃるように、40代にはとても見えない。おしゃれな今どきの若者で、礼儀正しく、コミュニケーションも巧みなこの人が、過去に15年以上をネットカフェで過ごしたとは想像しにくい。

路上生活者と異なり、ネットカフェ生活者の生活困窮度合いは、幾重にも隠されていて外からは見えない。

その日私たちは生活保護の申請をし、地区担当のケースワーカーから「扶養照会は省略します」と明言してもらい手続きは終了。後日、改めてお話を伺うことにした。

居場所のない子ども時代

河合さんは東京近郊の町で生まれた。

親は離婚をしており、河合さんが物心ついた時には父親の再婚相手が育ての親となっていた。新しいきょうだいも増えたが、河合さんにとって、家はあまり居心地の良い場所ではなかった。

厳格な父親は酒に酔うと河合さんに暴言を吐いた。

地元の高校を中退し、18歳で結婚するが結婚生活は数年で破綻。再び実家に戻る。

実家へ戻ったものの、父親との折り合いは悪く、また、肩身も狭く、居場所がなかった。1年半後にパチンコ店の正社員となり実家を出て寮暮らしを始める。そこで、働いてお金を貯め、ついに自分の部屋を借りた。

「だけど若かったんですよね。友達呼ぶこととか考えちゃって、自分の給料と見合わない7万円の部屋を借りてしまって、すぐに払えなくなりました」

そして、24歳くらいの頃にネットカフェ生活が始まる。

「当時、ネットカフェはまだなくて「漫喫」と呼ばれる漫画喫茶でした。一応個室にはなっていて、リクライニングシートがあって、背後はカーテンで仕切られていました。寝泊まりするというよりは、自分の荷物を置く場所という位置づけだったので、8時間ではなく24時間利用していました。今みたいにパッケージプランなどない時代です。パソコンは一応あったんですけど、ウィンドウズXPで起動も遅い。自分はその頃はパソコンも使えなくて、キーボードの上に漫画本を置いて読んでいると、(本がキーを押して)ピーピー音がして「なんだろう?」と慌てたりしてました。段々とパソコンにも慣れて、人差し指でなにかを調べるくらいは使えるようになっていきました」

カーテンの仕切りしかない空間に安全性などない。いびき、歯ぎしりは筒抜け。漫画喫茶内での盗難も相次いでいたので、財布はチェーンでつなぎ、体から離れないようにしていた。それでも、寝ているとポケットのあたりを誰かにまさぐられている、そんな感触で目覚めることがよくあったという。

友達がいたから生きていられた

自分の部屋を失い、漫画喫茶生活となった河合さんの心を支えたのは、地元の友人たちの存在だった。友人たちは、河合さんに住所がないことも、実家に居場所がなくて帰れないことも知っていた。漫画喫茶、時にはカプセルホテル、それも難しい時は野宿をしていた河合さんに、友人ら7、8人が付き合ってくれたこともある。「オールしようぜ」と公園に集まって遊ぶ友人たちを眺めながら、河合さんは寝ていた。

「あの頃が一番楽しかったです。友達とのつながりがあったから生きていられた。家がなくても家族と切れていても、友達がいた。それがとても大きかったです」

遠い日の夜を思い出して嬉しそうに話す河合さんの表情はしかし、徐々に曇りだす。

「でも、友達はみんな就職していて、自分も働いているんだけど不安定だし、家もないわけです。若い頃ってみんな楽しい話をしますよね。でも、自分は合わせているだけで、楽しいことなんてない。話し疲れると、「ちょっと買い物行こうぜ」って流れになって、友達は躊躇なくコンビニに行くんですよね。で、ペットボトルの飲み物とかスイーツとか買うんだけど、自分は飲み物買うにしても100円でももったいない。なんなら88円とか、もっと安い飲み物を買ってるわけです。コンビニで買い物なんてできない。その差が惨めになってしまって」

自分と友達の経済格差を惨めに感じるようになり、自分は一体何をやっているのだろうな、どうしようもないなと落ち込むようになって、そこからだんだんと友人たちとも疎遠になった。

仕事を通じて恋人ができることもあった。しかし、それも続かない。「家に行きたい」と言われても逃げ続けるしかない河合さんに、恋人たちは不信感を抱いて離れて行った。

日払い、明細書手渡しの仕事にしかつけない

時は移ろう。

２００６年には所得格差が広がり、非正規、日雇いなど不安定就労従事者の待遇が問題視されるようになり「格差社会」が流行語となった。２００７年には「ネットカフェ難民」が流行語になり、やがてスマホが登場し、東日本大震災が起き、下町にはスカイツリーがそびえ立った。２０１３年には「ブラック企業」が話題となり、労働環境の問題が可視化されるようになったが、その間も、河合さんは派遣や日雇いの仕事をしながら漫画喫茶やネットカフェで生きていた。

日払い、せめて週払いでお給料をもらえるところじゃないと働けなかった。自転車操業の暮らしだから、月払いでは間が空きすぎて生活できない。しかも明細書が手渡しでないと働けない。郵送してもらう住所がないからだ。選ぶ仕事は限定されてしまう。

そのような融通の利く職場内で、似た境遇の人はいませんでしたか？　と私が問うと、

「そうじゃないかなと思う人はよくいました」と河合さんは頷いた。

「でも、絶対に話はしないです。住所がないことが会社にばれたらマズイので。だから、同僚と仲良くなっても、プライバシーはまったく話さないです。働く人が多い職場はみんな噂好きなんですよね」

バレないように、常に警戒していた。笑顔でいる。明るくふるまう。そうしていると歳上の同僚に「お前、悩みなさそうでいいなー」と言われたりする。

「俺、家ないんだけどなーって、内心思うんですけどね。きつかったですよ。ネットカフェやホームレスの人あるあるなんでしょうけど、体調悪くなっても仕事休めないから市販薬の用法用量なんて守れないですよ。体に悪いの分かってるけど、早く治さないといけないんで」

そして河合さんが続けた言葉に私はハッとした。

「でも、慣れてしまうんです。ネットカフェ生活や貧困に慣れてしまうと、自分が困っていると思えなくなってしまう」

炊き出しに並ぶ人たちが判で押したように「自分はまだ大丈夫」という姿が重なった。

生活保護制度への壁

低価格なネットカフェではいろんなことが起こる。

受付で大乱闘があったり、隣の部屋の人が救急車で運ばれたり。共用のポットに虫が入れられたりしたこともあるし、ゴキブリはルームメイトのようなもの。そんな環境で生活をしている高齢者のカップルもいるという。

ネットカフェ生活が15年と長きに及んだ河合さんは、店のゴミ箱を見れば、そこを生活の場にしている人が多いかどうかが分かると教えてくれた。ゴミ箱にカップラーメンや、安価で量が多い紙パック飲料が捨ててあるところはネットカフェ生活者が多いところなのだそうだ。なるほどと頷く。

生活保護制度を利用しようとは思わなかったのだろうか？

「ネットで調べればすぐに情報は出てきます。ただ、僕なんかもそうだけど、生活保護は門前払いっていうイメージが強すぎるんです。利用したくないっていうより、どうせ無理でしょって諦めていました。若くて健康だったというのもある。あと、（生活保護は）タブーというか、差別対象になるようなイメージも強かったです」

ネットカフェにいると、近くの個室で若い女性が電話で話している声が聞こえてくる。

「生活保護？　ムリっしょ。うちらが受けられるわけないよ」

２０１７年に東京都が１度だけ行った調査では、ネットカフェで生活をしている人の数は都内だけで約４０００人。家がない状態で、選択肢が限られた就労をせざるを得ない若い人たちがそれだけいて、貧困状態から抜け出せないでいるのが分かっているのにもかかわらず、国も都も何もしない。社会も「自己責任」という便利な言葉を耳栓代わりに悲鳴を聞かない。この社会は、河合さんにはどう見えるのだろう？

「多くの人たちにとって生活困窮者なんて所詮対岸の火事なんですよ。見て見ぬふりって言い方がいいのか分からないけど、ホームレスの人たちとかも風景と一緒。いないのと同じ。なんならこんなとこにいるんじゃねーよって、死んでも何とも思われないような対象になっているように思える。自分のことじゃないから、そりゃそうなんでしょうけど。ずっと、遠いなって距離を感じていました。貧困を経験していない人たちがとても遠いなって」

アパート入居、契機は新型コロナ

２０２０年春、日本でも新型コロナウイルスの感染拡大が始まった。

仕事がぱったりと無くなって、ネットカフェ代も捻出できなくなった河合さんは、社協の緊急小口資金と総合支援資金を利用する。そのお金を原資にしてアパート入居を果たし、15年ほど続いたネットカフェ生活がようやく終了した。

コロナ禍で職探しも厳しさを極める中、倉庫のライン作業の仕事を得た。しかし、長年の無理が祟ったのか、ここにきて遂に体調を崩してしまう。体調が悪くてもライン作業だから離れることができない。必死に我慢を重ねるものの、どうしても日に何度かトイレに駆け込む。そんなことが続くうちに「その体調ではうちでは厳しいね」と首を切られてしまった。

困って社協に相談すると、職探しが前提となっている自立支援金と住居確保給付金を勧められたが、その時の体調では自信がなかった。

生活保護について聞いてみたら、就労支援のスタッフに「いやあ、厳しいと思うよ。それだけ長い間ネットカフェでやってきたんだから頑張れるでしょう」と励まされた。相談の段階では「大変だったね！」と共感してくれていたのが、「生活保護」と言った途端に相手が困惑顔になった。「生活保護は厳しいよー、無理と思うよー。その年じゃねぇ、若いしねぇ、60歳以上じゃないとねー（※事実無根です。生活保護に年齢関係ないです）」と言われ、やはり噂通り難しいのかと不安になった。

生活保護の相談をしたいと明言しているにもかかわらず、職員は住居確保給付金の延長の書類を持ってきたので、「これと生活保護って一緒に利用できるんですか？」と聞いたら「できない」という。だから生活保護の申請書をくださいと粘ったところ、ようやく持ってきてくれた。それでもまだ扶養照会の懸念が残ったため、申請書を一旦持ち帰り、つくろい東京ファンドに問い合わせをくださったという次第。

しかし……普通ならそこまで頑張れない。職員に何度も重ねて撥ねつけられたら、大半は諦めてしまうだろう。

「そこまで粘れたのは、ネットで〈収入が最低生活費を下回る場合は生活保護の対象です〉って書いてあるのを読んで勇気づけられたというのもあります」

長い長い歳月を耐え、ようやく河合さんが住居を手に入れた契機となったのが、公助というよりもコロナだったというのが何とも皮肉で情けないが、河合さんは自力でネットカフェ生活を脱出したのである。しかし、15年という月日は戻っては来ない。

若い時代のほとんどをネットカフェで暮らした河合さんを思うと、福祉制度がもっと使いやすいものであったならと悔しくてならない。

ネットカフェの個室(相談者提供)

僕みたいな人間はマンガの中の登場人物

アパートに入り、生活保護を利用しながら療養を続ける河合さんに今のお気持ちを伺うと、「ネットカフェで貧乏の底にいた時も当然キツインですけど、そこから制度を使って抜けたあとも、貧困は他人事だと思っている人たちとの距離がすごくあるのがキツイです」という言葉が返ってきた。生活保護利用をしていることで、通院先で屈辱的な目に遭ったのだという。

「ネットカフェ生活を脱しても差別対象であり続けることが苦しい」
「生活保護の申請は国民の権利」と国は言っても、世の中はそういう扱いはしてくれない。
「貧困が他人事な人たちにとって、僕らのようなネットカフェ生活者はマンガの中にいる架空の生き物なんじゃないかなって感じるんです。僕は経験してきた側だから、そのきつさはリアルに分かるんですけど」

自己責任という言葉が世の中を覆い、貧困が放置される。ネットカフェはどんどん進化して、より便利に、より宿泊しやすい場所となっていき、家を失った人たちがネットカフェに吸い込まれ固定化されていく。そのことも疑問に思うと河合さんは付け加えた。

そして、今後は、自分と同じような苦しい思いをしている人たちの役に立つことがしたいと目を輝かせる。

河合さんが過ごした気が遠くなるような孤独と過酷な経験が、誰かの辛さを癒す時、彼の15年分の痛みは少しだけ和らぐだろう。

社会が貧困を放置することの罪深さ、残酷さを改めて胸に刻んだインタビューとなった。彼が15年間も貧困から抜け出せなかったことの、一体どこが自己責任なのだろうか？

彼が感じた、「いわゆる普通の生活」を送れている人たちとの距離の遠さは、広がる一方の「格差」そのもの。

今もネットカフェに固定化された若者たちが何千人もいる。行政は動け。今すぐに。

第3章

まだ続くのかコロナ禍日記

1　カップラーメン炎上が語るもの、バッシングにかき消された本意

2022年9月24日にカップ麺の値段をツイートした以下の連ツイ（連続ツイート）が炎上した。

> 昼食代を節約しようとカップヌードルを買ったら231円。思わずレジの金額表示を三度見した。路上で暮らしながら空き缶や段ボール収集で雀の涙ほどの現金収入を得る人、ビッグイシューの雑誌販売者が量販店で100円のカップ麺を夕飯にしていたのを知っている。今後はカップ麺も高級品になるのか。
> 家の無い人たちだけではない。生活に困窮している人たちが食べているのは100円ローソンや量販店で売られるカップラーメン。物価は上がるのに生活保護基準は引き下げられ、労働者の収入は上がらず、非正規労働者は貯金もできない中で、今後どうなるのか。国は、いつまで無策のまま突き進むのか。

このツイートをすると、昨今の物価上昇を憂う人たちが次々と共感してくれたのだが、そのうちコメントや、投稿を引用して個人個人が意見を加筆する「引用リツイート」に変化が訪れる。

節約アドバイスの雨あられ

「スーパーで5個入りのうどんを買ってきて使うと節約になる」

「どこどこの量販店ならカップラーメンも安い」

「自炊や作り置きして冷凍すると安上がり」

「弁当を作れ」などなど。

最初の投稿についた引用リツイートだけでも1895件あり、コメント数たるや936件。とても読めないので、気が付いたものだけ目を通していたのだが、「いや、違うんだ。そういうことを言ってるんじゃないんだ」と、もどかしさが募り、ほどなくして以下のツイートをした。

> カップ麺の値上げをツイートをしたら、安いもの情報をくださる方が多いのですが、そうやって頑張り限度をどんどん上げて「まだまだ！ まだまだやれる！」と耐える限り、この国の労働条件は良くなりません。公助も寝たフリを続けます。その間に、最もきつい条件下を生きる人たちが亡くなります。もう耐えるのをやめてもいい頃です。格差はどんどん広がり、モノの値段など知る必要もない人たちがいます。政治はそちらを味方につけたいから優遇している。いい加減、粗末に扱われていることに怒ってもいい頃です。安価な製品・食品は安い労働力で作られています。労働条件、収入の底上げが必須。

1投目よりも主張内容をダイレクトにしたつもりなのだが、この投稿は1投目以上の関心を呼び、より拡散された。しかし、ホッとしたのも束の間、このあと私が想像していなかった方向に事態は展開しはじめる。バッシングと言葉の暴力が吹き荒れたのだ。その矛先は、我慢強い国民の上にあぐらをかいて、貧困問題や経済格差に何の対策も講じない国に対して？　と思うあなたはとても健全だと思っていいだろう。ハズレ。怒りと憎悪の矛先は私に向かったのだ。私は豆鉄砲を食らった鳩のような顔をして、本意からどんどん離れていく論争を見ていた。

ブルジョア認定される私

どうやら1投目の「値段を見ずにコンビニでカップラーメンを買って、値段に驚く」という点が皆さんのお気に召さなかったようで、その部分だけが独り歩きし始めて、私はついにはブルジョア認定された。

量販店やスーパーと違い、定価で販売するコンビニは高い→そんなコンビニで自社ブランドではないカップラーメンを買ったら高くて当たり前だろう→そんなことも知らずにコンビニでカップラーメン買って、しかも値段に驚くなんてバカか？→そんなお前は無神経でけしからんブルジョアだ、という流れ。皆さん、コンビニで自社ブランド以外のカップラーメン買うとブルジョアらしいです。

私が買ったのはカップラーメンだ。世界の3大珍味でもなければ、1本数十万するようなワインでもない。そもそも、そんなものはコンビニには売っていない。

不思議なことに「フランスでいただく◯◯はとってもお手頃なのに、日本でいただくと高いわね」なんてツイートする本物のセレブに対して、人は批判しない。そっちが本家本物のブルジョアじゃん！

しかし、231円のカップラーメンでブルジョアになるなんて、ブルジョアのデフレここに極まれりだ。コンビニのカップラーメンが「贅沢」になっていること自体、日本の貧困拡大、そして深刻さを物語っているというのに、なぜ怒りは政府や国には向かわずに、コンビニでカップラーメンの値段に驚いた私に向けられた挙句、ブルジョア認定がなされるのか(というか、ブルジョアって悪口なの?)。

不条理だ。周囲の人たちに話すと、みんなお腹を抱えて笑ってくれた。講演先でも結構な数の方々が炎上ツイートをご覧になっていたので、アイスブレークに役に立った。

さらにコラムニストの吉川ばんびさんが文春オンラインにこの現象を記事にして、「貧困ジャッジマン」というネーミングをしてくれた(「SNSで巻き起こる「カップ麺は贅沢か否か」論争から見えた、弱者を選別する〝貧困ジャッジマン〟たちの存在」)。

生活困窮者に向けられる社会の視線を、とても分かりやすく、鋭く指摘してくださっていて、私も燃えた甲斐があったと思ったものだ。

匿名性と暴力

私のことを許せないと憤る人たちが次々と現れては冷笑し、攻撃的、暴力的な言葉や悪口、人格否定を、会ったこともない(会ったことがある人もいるかも?)私に叩きつけていく。その暴力性は雪だるまのようにどんどん大きくなって、憎悪をぶつけていい対象、誰もが寄ってたかって叩いていい対象としての私が勝手に作られていく様は、見ていて怖いし、同時に不思議な感覚に陥った。一言で表すとすれば、「困惑」。

だって、「ブルジョア」とか、「お前は貧困じゃない」とか言われているけれど、そもそも**私はどこにも自分が貧困だとは書いていないからだ**。

確かに私は税金の支払いにプルプルと震えたり、老後に心細さを募らせる身ではあるが、現段階では食うに困るような貧困ではない。でも、裕福でもない。

どの程度の経済感覚かを具体的に説明する必要があるのだとしたら、お昼ごはんを買おうと気軽に寄ったパン屋さんで、見た目にも明らかにサイズが縮小した上に、見間違いかと思うほどに値上がりした惣菜パンを前に、トレイを持ったまま呆然と立ち尽くしたあと、そっとトレイを戻して帰るくらいの感覚だ。買うお金は財布の中にある。しかし、パンにかけて良い金額のラインが私の中にあるから、小さくなったのに値上がりした惣菜パンは買えない。

一方で、私は健康志向が強いのでカップラーメンは滅多に食べない。だからカップラーメンの値段に詳しくはない。そして、ものすごく忙しいので平日は勤務地に近いコンビニを利用している。高いなーとは思うが、寸暇を惜しむ毎日の中、離れたスーパーに行く時間はなかなか捻出できない。

庶民の一人として物価や光熱費高騰の影響はガッツリ受けており、生活必需品の買い物も銘柄を安いものに変えたり、買い控えをするくらいの「節約」はしている。

しかし、一方で値上げは仕方がないとも思っている。それどころか、トイレットペーパーの幅を短くしたり、ティッシュボックスの内容量を減らしたり、あるいはカントリーマアムやさつま揚げが一口サイズになり、ジャイアントカプリコが名前負けするようなステルス値上げで凌ぐのではなく、原材料が高くなった時点で値上げをすべきだったと考えている。当然、物価上昇に連動して、最低賃金やナショナルミニマムである生活保護費も上げなくてはならないのに、上げないどころか生活保護費に至っては逆行して削減しているし、企業も商品の小型化で誤魔化し誤魔化し、知恵と工夫で凌いできたところにコロナがやってきて、そのタイミングでロシアはウクライナに侵攻して完全に詰んだ。もう、今さらどうにもならないほどに膨れ上がったツケを、今、国民は一気に払わされているのではないか。これは果たして私たち一人ひとりが背負うべきツケなのだろうか？　日本の賃金はバブル崩壊以降、30年間上がっていないのに。

非正規雇用など不安定就労の拡大、上がらぬ賃金…そこにこそ、コンビニでカップラーメンを買うのが「贅沢」と罵られる理由がある。怒りをぶつける相手は私ではない（賃下げのグラフ）。

頑張り限度を引き上げて生活は楽になるのか？

もちろん、苦境に対する耐性を切磋琢磨するのも違う。

「100均や量販店を利用すると安い」と節約術を磨いたところで、量販店が値上げをするのは時間の問題だ。そこでも買えなくなったら、食べられる野草をどれくらい知ってるかを競うのだろうか？それに関しては私も負ける気がしないが、そんな競争はしたくない。

政治に対して意見も不平も言わず、従順で前向きに生きるのが美徳となったこの国で、節約術の本が売れる。そのたびに「ちがーう!!」と心の中で叫んでしまう。

私たちが耐えれば耐えるほど、いいなりになればなるほどに、国は私たちの苦しみを放置する。これまでも実際に放置し続けているではないか。

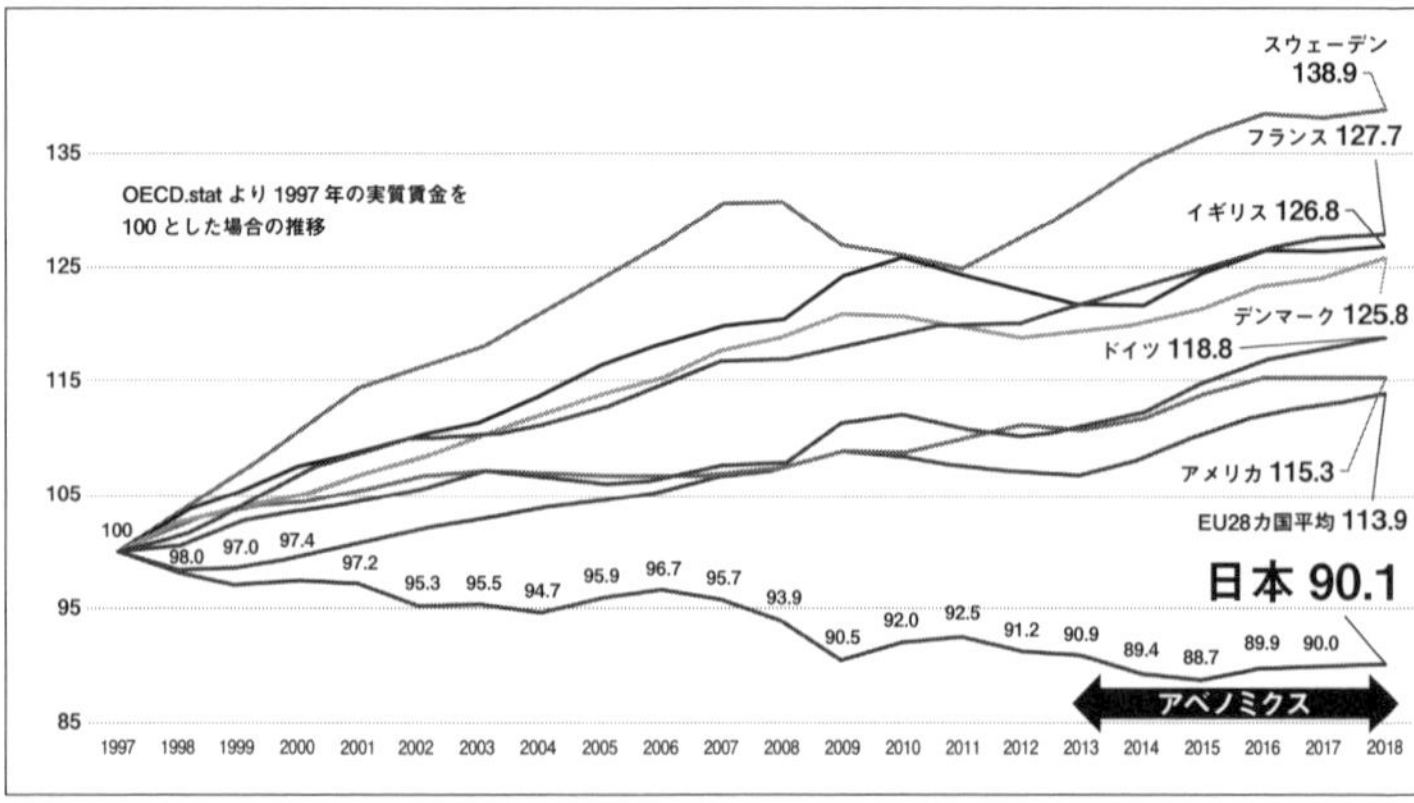

下がりつづけている日本の賃金

出典：井上伸氏ブログ http://editor.fem.jp/blog/?p=3698 より

「コンビニは高くて買い物ができない」

その怒りを国に対してぶつけない限り、私たちはどんどん安く買いたたかれる。粗末に扱われる。その分、コンビニでカップラーメンを買った私などとは桁違いの富裕層が優遇され続ける。一部の富裕層は税金も優遇され、庶民からは想像もできないような暮らしをしている。物価の値上げなどにはビクともしない。だから、頑張り限度を引き上げるのはもうやめにしないか。

コバンザメみたいに権力側にくっついて政権批判する人間を叩いたところで、あなたは強くなれないし、生活が楽になるわけでもない。

誰もが生きられる世の中にしたい

「こんなやつに支援される人がかわいそう」ともネットには書かれていたが、バブル期を通過した一人として、バブル崩壊以降に生まれた人たちの希望の無さに責任を感じている。こんな社会を作ってきてしまったのは私たち（本当はもっと上の世代）だと思っているからこそ、金にもならない活動をしている。後進にもっとマシな社会を遺したいから。

ネット上で誰かを叩いてうっぷん晴らしをしなくても済むほどに、選択肢や可能性を広げたい。その一心であちこち走り回り、アポの隙間に「食べる時間がないけど何か温かいものをお腹に入れなくては」とコンビニの狭い通路を滑るように走り、手に取ったカップラーメンの値段にビックリしたというのがカップラーメン炎上の発端だった。

値上げに苦しむ人たちからもこれほどまでの集中砲火を浴びたのは、ジェンダー的な理由もあるのだろう。私が最近までツイッターを利用しなかった最大の理由が、これまでにひどい目に遭わされてきた女性発信者たちを見聞きしているからだ。

政権批判を許さない、モノ言う女性を許さない風潮は絶対にある。そんな環境下でどんなに嫌がらせをされても発信を続け、疲れ果てて倒れても、再び立ち上がり闘う女性たちや社会的マイノリティの方々を心から尊敬している。また、本質とは無関係のただのイジメ祭りみたいになったタイムライン上で、火中の私を果敢にも応援してくださった人たちの良識と勇気にも励まされた。ありがとうございました。

最後に、こんなこと書けばまた叩かれるのは分かっているのだが、どうしても言っておきたい。

私はねぇ、自炊がめっちゃ得意なんですよ‼

人というものは、あなたの想像通りではない。攻撃的な文面を見れば鬼にしか見えないあなたも、実際は鬼ではないように。

2 生活保護打ち切り取り消し裁判——祖父は意を決して〝熊本県〟と対峙！

育った環境で将来の選択肢が狭まる現実

２０２２年10月３日、熊本地裁で生活保護廃止処分の取り消しを求める裁判の判決があった。原告の勝訴。

熊本地裁は、原告である高齢男性の生活保護を廃止した熊本県（被告）の処分を「世帯の自立という長期的な視点に欠け、違法」と断じ、処分の取り消しを命じる判決を下した。

この裁判は生活保護を利用していた熊本県在住の高齢夫婦が、同居していた准看護師の孫の収入が増えたために生活保護が打ち切られてしまい困窮。准看護師として働きながら学び、正看護師を目指していた孫も一時、看護学校の休学を余儀なくされたケースだ。

この事件には問題点や矛盾点がたくさんある。勝訴は当然のこととして、ここに到るまでの数年間の原告夫婦やお孫さんが強いられた精神的負担や苦痛は想像するに余りある。

高齢の一市民vs熊本県という構図の中で

私の手元には、熊本地裁で言い渡された判決文がある。

普段、テレビドラマの中でしか裁判というものを見ない私は、法律家同士の間で交わされる独特な言語のやりとりに目を白黒させながらも夢中で判決を読み進んだ。

まず、裁判素人の私が「なんかイヤだな」と眉をひそめたのが、原告側と被告側（熊本県）の代理人の数の差。

訴えを起こした高齢男性には7名の弁護士がタッグを組んだ。しかし、被告である熊本県側には18人もの代理人が名を連ねている。実に2倍以上の数で圧倒しているわけで、そもそも高齢男性1名vs熊本県という段階で〝力の差〟は歴然としているのに、そこに加えてこれだけの代理人を集めてくるやり方にアンフェアさを感じた。数より質だとは思う。しかし、それでも権力を持つ側が数で威圧している印象は拭えない。

そんな中、2年間の裁判を耐え抜いた原告と、7人の弁護団に惜しみない拍手を送りたい。判決を言い渡した裁判官の良識に対しても。

高齢にもかかわらず、県を相手取って裁判を起こした男性には闘う理由があった。生活保護廃止になって閉ざされたのは自分たちの生活だけでなく、夢の実現のために歯を食いしばって頑張ってきた大切な孫の将来でもあったからだ。

准看護師から正看護師へ、働きながら学ぶ日々

原告の70代男性は、妻と孫との3人暮らしだった。

世帯は2014年7月に生活保護を申請し、8月から受給している。原告の生活保護申請からさかのぼること3か月前、孫は准看護科（2年制）に入学している。そこで、福祉事務所は孫が就学して資

格取得をし、最終的に自立するという長期的目標を立て、就学が続けられるよう「世帯分離」をして孫を生活保護から引き離した。

生活保護における「世帯分離」とは、生活保護利用世帯の子どもが大学や専修学校に進学する際、家族とは別世帯とみなす制度だ。現行の生活保護法では、生活保護を利用しながらの大学や専修学校への進学がまだ認められていないため、国がとった例外措置である。

世帯分離になると、生活保護利用世帯と同居しながらも大学・専修学校などへの進学ができ、就労しても収入申告の対象にはならない。

孫は祖父母と同居し、准看護科で学びながら病院に勤務、自分の学費や生活費などを工面している。2016年に准看護科を卒業した孫は、看護科(3年制)に入学。引き続き病院で勤務しながら専門的な学びを深めていく。朝6時半に家を出て、夜9時半に帰宅する毎日。土日は学校が休校なため、病院勤務をし、休みなく勉強と仕事に明け暮れているのを、福祉事務所のケースワーカーは祖父母から聴取している。

その勤勉さや人柄、真面目な働きぶりは勤務先でも評価され、卒業後の勤務も約束されている。

収入増によって世帯分離が解除され、保護廃止処分に

2017年1月にケース会議を経た2月14日、福祉事務所は孫の収入が増え、健康保険や年金にも加入できたことを理由に、就学途中であるにもかかわらず、「世帯の収入が最低生活費を上回るため」として、世帯分離を解除し、原告夫婦の生活保護を廃止した。

つまり、孫の収入で祖父母を養えということなのだが、しかし考えてもらいたい。

孫の収入は確かに14万〜19万と増えていたのだが、看護学校の実習が始まれば収入が激減することが分かっていた。そのため、働けなくなる近い未来のために事前に貯金をしておこうと思うのは至極当たり前のことと思われる。むしろ、計画性が素晴らしい。

それなのに、福祉事務所は世帯分離を解除し、孫が祖父母を養えば生活ができるはずと、祖父母の生活保護を廃止してしまった。その処分が意味することは以下である。

①孫は看護学校での就学を断念しなくてはならなくなる

祖父母を養うために収入を使えば、看護学校での就学は続けられない。准看護師の資格のみでは将来の選択肢は限られる。もともと福祉事務所が「5年間の就学ののち自立」という長期プランを立てた上で世帯分離をしているのに、目的に達していない状態で世帯分離解除&生活保護打ち切りは矛盾している。

②孫が就学を続ければ、祖父母はただちに困窮するのが明白

仮に孫が祖父母を養うのを拒否し、自分の将来を優先した場合、自分を養育してくれた祖父母が困窮するのが目に見えている。高齢であるのに医療も受けられないだろう。これから長く続く自分の人生or養育してくれた祖父母の生活、そんな究極の選択を迫られた孫の気持ち、また、自分たちの存在が孫の将来を阻害するという苦悩に引き裂かれたであろう原告夫婦の気持ちを、福祉事務所は考えたのだろうか。

孫の部屋のドアを叩き「出てきなさい！」

保護を廃止する直前に行われた1月26日のケース診断会議では、孫の収入状況にのみ焦点が絞られ、ケースワーカーの誰からも、先に記した懸念や疑問は発せられていない。私はそのことにあ然とする。世帯分離を解除し、原告夫婦の生活保護を廃止することがどういうことか、こんな簡単なことが福祉事務所の職員たちの頭には上らなかったのかと驚くが、弁護団の一人に取材した私は言葉を失うほどに驚いた。

原告夫婦の生活保護が廃止になってから8か月後の２０１７年10月、どうしても生活が立ち行かなくなった原告夫婦は、やむにやまれず再び生活保護の申請をした。

申請後、福祉事務所の職員が原告宅を訪問している。その際、孫が怖がって部屋に閉じこもっていると、30分にもわたってそのドアを叩き「出てきなさい！」などと怒鳴り、家にお金を入れることを迫ったというのだ。消費者金融の取り立てのようなことを、こともあろうに福祉事務所の職員がしていることに絶句した。

究極の選択を迫られた上、控え目に言ってもトラウマ級の福祉事務所による暴力的行為の果てに、孫は精神的に不安定になり、1年間の休学を余儀なくされている。

貧しい環境下でどんなにあがいても、どんなに歯を食いしばって前向きに頑張っても、この国は許してくれないのだ、そう絶望したに違いない。

実際は、孫が自分の生活を犠牲にしてまで祖父母を養わなければいけないという法律的な義務はない。このことは地裁の判決文でも裁判官が明確に指摘している。

家族が受けた傷、失ったものはあまりにも大きすぎた。だから老いた原告は、大きな権力を相手に、ドン・キホーテのように闘いを挑んだのだと、私は判決を読んでいて感じた。

粉々になったものを修復するために

弁護団の一人である尾藤廣喜弁護士は取材に対し、力を込めて繰り返した。

「世帯分離の目的を達していないのに、勝手に解除してはいけないんですよ。行政は一貫性がなくてはいけないんです。自由裁量で（人の運命を）決めてはならない」

子どもの貧困対策法は、「子どもの現在及び将来がその生まれ育った環境によって左右されることのない社会を実現する」ことを基本理念として掲げ、子どもの貧困対策を進めることを国や自治体の責務と定めている。同法の理念に従い、「長期的・俯瞰的な視点」に立った判断が求められている。

幸い、孫は1年の休学ののちに復学し、今も同じ病院で職員たちに支えられながら働き、そして、ついに念願の正看護師の資格を取得した。それまでの努力や希望をどれだけ粉々にされてボロボロになっても、再び立ち上がった若者に心からの敬意を表し、祝福したい。

孫が看護師として自立し、自分の人生を歩いて行くこと、それは大きな権力を相手に2年もの月日を闘った祖父母の切実な願いでもあっただろう。

さて、一方で家族をボロボロにした張本人、熊本県にお願いがある。

控訴はしないでいただきたい。これ以上、原告やお孫さんを苦しめるのを控えて欲しい。

福祉事務所ができることは、本ケースを真摯に検証し、反省し、当事者たちに詫びることだ。似たケースがあったときに十分に話し合って、表層ではなく、当事者たちにとってなにが最良かを考え、伴走することだ。

公助が自助・共助の必死の努力をぶち壊しにするようなことをしないで欲しい。

ケースワーカーのみなさんには、生活保護制度が困窮した人々の道を明るく照らすよう、法に則りながらも柔軟な運用をして欲しいと願う。相手は人間なのだから、どうか。

【後日談】

熊本県は10月17日、判決を不服として控訴。県は理由について「厚労省と協議した結果、判決には生活保護における、これまでの世帯認定の考え方に、そぐわない部分が含まれていると国が判断したためだ」としている。

控訴について、熊本県の蒲島郁夫知事はオンラインで取材に応じ、「努力して貧困から脱却しようとする県民を支援する立場から控訴を回避する道を探ったが、国の判断には応じざるを得ず、断腸の思いで控訴した」と述べた(2022年10月17日の NHK NEWS WEB より抜粋)。

黒幕は厚労省。残念なことである。今後の裁判の行方に目が離せない。

3　「中高年シングル女性の生活状況実態調査」報告書から聞こえる悲鳴

コロナ禍の影響を最も受けた女性たち

２０２２年も暮れようとする12月22日木曜日は、私が担当している「カフェ潮の路」の年内最終営業日だった。

カフェでは経済的に余裕のある人が、余裕のない人のために料金を先払いする「お福わけ券」というシステムがある。コロナ禍にこの券を利用する人たちは急増したが、特に若い女性の増加がずっと気がかりだった。

カフェのポリシー上、相手のご事情はこちらからは聞かない。関係性が構築され、本人が相談したいと思った時に素早くお手伝いできるよう、気持ち的にはクラウチングスタートの姿勢で鼻息荒くＳＯＳを待ち受けている。しかし、２年くらい待って、ようやく相手が相談してくださった時には、既に借金が巨大な雪だるまに仕上がっていることもある。それでも、生きてさえいれば解決不能なことなんてないから、とにかくお弁当を食べてもらう。毎週、顔を見てホッとする。本人の力を信じて、見守る。

短い会話の中で、彼女たちがシングルマザーだったり、コロナ禍で失職していたり、なんらかの深い傷を負いながら生き延びてきたことが分かる。

最初は緊張してこわごわとカフェの階段を上がってきて、背中を丸めて身を固くしていた女性たちと、何度か会ううちに顔見知りになり、二言三言交わすようになる。

スタッフたちは彼女たちの笑顔を見ては喜び、顔が見えないと心配し、その人が「今日はお金、払えます」とお福わけ券を断る時には「仕事みつかったのかな」「無理しないといいね」とこっそりエールを送ってきた。

営業最終日に折り目正しく「本当に助かったんです。1年間、ありがとうございました」と頭を下げる女性たちと年の瀬の挨拶を交わしながら、私は新しい年が彼女たちにとって、少しでも、ほんの少しでも生きやすくなるよう祈らずにはいられない。

週1度のお弁当や、数か月に1度の食料配布なんて、焼け石に水すぎる。生活困窮した彼女たちの生活をまるごと支えるなんて、民間にはできない。単身女性が生きていける、そんな国になってくれないとダメなのだ。行政が現状に即した雇用形態、最低賃金、賃金格差、ジェンダー差別を改善し、さらに働けない状況下にある人たちのために多様な支援策を打ち出してくれない限り、どうにもならない。

恐縮しながらやってくる彼女たちに落ち度など何もない。悪いのは、人々の命や生活を守れなくなったこの国だ。私は静かに憤っている。

私たちはここにいる、いないことにしないで

私の手元に「中高年シングル女性の生活状況実態調査報告書」という資料がある。

中高年単身女性が集まった自助グループ「わくわくシニアシングルズ」が、40歳以上の単身女性を対象に生活実態調査を行い、2345人ものシングルズから回答を得た調査報告書だ。

その結果に私は驚かない。それは、私自身（シングルではないが）まったく他人事ではないし、少なくない私の友人たちが共有する日々の、未来への不安だからだ。

回答者のうち84・6％が就労している。しかし、その形態は正規職員が44・8％、非正規職員が38・7％、自営・フリーランスが14・1％と、正規職員は全体の半数にも満たない。そして、年齢が上がるにつれて正規職員率は下がり、非正規職員率が高くなっていく。

目を覆うのは、非正規職員の52・7％、自営業（フリーランス）の48・6％が年収200万未満という収入で生活をしているということだ。昨年の調査では年収200万円未満の割合は30・4％だったことから、コロナ禍の影響で減収した人が増えたのではないかと推測できる。

一度レールから降りたら二度と戻れない

ここで思い出すのが、自分自身のキャリアだ。

バブル期末期に正社員として就職して、貯金したお金で海外に飛び出した私は、20代後半に結婚を機に日本に戻ってきた。結婚相手は転勤の多い仕事に就いていた。この国では、女性が正社員男性を凌ぐ収入を得るのは至難の業だ。選択肢は限られていた。私は極端に狭まった選択肢の中で、長く続けられる職業と活躍分野を考え、自己投資をして専門技術を学び、英語の通訳者になった。長い海外生活という経歴があったからこそ実現できたことだ。

今から20年近く前のことで、通訳者の時給は女性が一人で生きていくに足るものだったから将来何があってもなんとかなると、その時は思っていた。この国がこれほどまでに貧しくなるなんて、想像もしていなかった頃の話だ。

時は流れ、私は離婚し、なぜか生活困窮者支援の世界にいる。

困窮者支援で「食う」、ましてや将来の貯金を「貯める」なんて、よほどの優良支援団体か貧困ビジネスでない限り不可能だ。いざとなったらハードル低めの語学関連の仕事に戻れるかしら？　と、なおも楽観していた私の期待は、50歳を過ぎた頃に打ち砕かれる。

何の気なしに就職サイトを覗いてみたところ、通訳の時給が暴落していたのだ。中にはほぼ最低賃金みたいなのもある。それでも、さすがは大都市東京。通える地域だけでも募集は何百件もあった。

「まぁまぁまぁまぁ、時給は低くても働けるなら……」ブランクもあるので、高望みはすまい。そう気を取り直して、年齢欄の「50以上」をクリックしたとき、なんと何百件もあった募集が0になったのだ。一瞬、自分の目が信じられず、何度か試したが、やはり0、ゼロ、零、ズェローーー!!

政治家がよく口にしている「女性活躍」という言葉が木っ端みじんに粉砕されて飛び散る思いだった。私が二階元幹事長(※)なら「女性活躍とか口にする男性議員をたたき殺してやらないと」と言ったかもしれないが、幸い私は二階さんではないので言わない。

キャリアを積んできたつもりの私自身も、20代から年齢が上がると共に選択肢は限定されてきた。年とって医療費もかさみ始めたし、税金払うのに精いっぱいで貯金する余裕なんてない。なのに、将来受給できる年金は7万円程度と算出されている。

アンケートに答えたシングルズも、60代前半で77・1％、60代後半で66・2％、70歳以上でも半数近くの45・9％が働いており、「いつまで働くか」の設問では、全体の65・6％が「生きている限り、死ぬまで」と答えている。

※　二階発言：2022年12月、自身の死亡説流布に怒り、「たたき殺してやらないといけない」とTBSのCS番組で発言して話題に。

家賃が高い！　年金少ない！

日本人の収入は少ないわりに家賃が高い。中でも東京の家賃は地方とは比べものにならないほどに高い。

報告書によれば、民間賃貸住宅に居住する人の割合は41・8％で、安価な公営住宅に住んでいる人は全体の6・9％と極めて少ない。ほぼ4人に1人（23・5％）が7万円以上を家賃に費やしており、住居費支払い後の家計に余裕がない人が62・6％と6割を超える。

収入は上がる見込みもないのに家賃や税金の負担は重く、年金は少ない。老体に鞭打って、生きている限り働き続けることで何とか爪に火を灯す暮らしができたとしても、病気になったり、体が不自由になったらアウトである。貯金や有価証券などの資産を「ない」と答えた人数は26・3％、4人に1人だ。

働けなくなってしまったら……そんな時のためにあるのが生活保護制度をはじめとする公的サービ

スなのだが、アンケートの回答結果を見ると、自治体に相談している人はとても少なく10・9%、つまり1割しかいないことが、日本の生活保護制度の捕捉率の低さ（2割ほど）とリンクしていると感じた。

「扶養照会をやめてほしい」

今の暮らしぶりを回答者の68・9%が「やや苦しい・大変苦しい」と回答している。

「やや・大変ゆとりがある」と回答した人は6・4%しかいない。

調査では、最後のセーフティネットである生活保護の「どこを改善してほしいか」という設問もあった。回答ぶっちぎりの1位は……想像するに難くないアレです。そう、扶養照会。

「扶養照会をやめてほしい」61・5%！

「自立、人として尊厳ある生活をするために一定の現金や生命保険等を持つことを認めて欲しい」56・0%

「住宅扶助・生活扶助・医療扶助などを単体でうけられるようにしてほしい」48・4%

その他には、「生活保護基準額を上げてほしい」、「車保有を認めてほしい」「自立・就労支援は、個々人の状況に応じてやってほしい」「ケースワーカーの過度な生活管理をやめてほしい」などの改善要望が複数回答で挙げられていた。

自由記述に書かれたコメントは是非行政の方々に読んでいただきたい。

●難病を患っており感染のリスクが高いから生活保護を、と考えて地元の市議さんに相談してみたが、やはり兄弟に扶養照会ありとのことで断念。（40代・独身）

●入院して無職で生活保護申請に行っても、まだ働けるでしょ。と、受付すらして貰えなかった。食べるものがないと伝えると、社会福祉協議会を教えられ、そこで何か貰えば？　と言われた。めちゃくちゃ厳しく言われたし、精神的に追い詰められた。（50代・非婚／未婚の母・正規職員）

●生活保護のハードルを下げてほしい。もし生活が立ち行かなくなっても、生活保護があるから大丈夫だという安心感があれば、もっと生きやすくなるように思う。（40代・独身・非正規職員）

●ケガをして働けなくなったとき、病気をしたとき、生活保護の相談に行ったことが何回かありま す。窓口では話を聞いてもらえず出直すように言われました。「ケガが治るまででも」と言ったら、カードで借金をしてケガが治ったら働けば返済できるだろうと言われ驚きました。せめて話を聞いて相談の窓口や制度について教えてほしかった。（50代・死別・非正規職員）

福祉事務所には心あるケースワーカーや相談係の方も勿論いる。しかし、実際にひどい対応をする自治体や職員もあちこちに存在することを私は知っているだけに、とても悲しいし、恥ずかしいし、情けない。こんな思いをさせていることを申し訳ないと思うし、制度は一体だれのためにあって、福祉事務所職員の仕事ってなんですか？

貧乏になった国では風呂なし物件はライフスタイル？

日本はめちゃめちゃ貧乏になっている。

非正規雇用の拡大により老若男女問わず貧しくなり、反面、金持ちはとてつもなく金持ちになって格差は広がるばかり。

先日「風呂なし物件、若者捉える　シンプルライフ築く礎に」という見出しの日経新聞電子版記事がツイッターで流れて来た。

「風呂なし物件を選ぶ若者がじわりと増えています。家賃を抑えるだけでなく、家の機能を減らしシンプルに生きたいという志向に沿う側面も。地域とのふれあいを求め、銭湯を好む人も多いようです」とツイッターでも発信している。え、なにいってんの？

若い人たちが風呂つきの部屋に住めなくなっている現実を、あたかも個人が好き好んで選んだライフスタイルであるかのような記事にビックリした。目ぇパチクリである。

風呂つき物件に住んでいても、銭湯に行って地域とふれあえるんですけど？

銭湯が廃業したら？　体調悪くて動きたくない時は？　コロナで銭湯が営業休止していた時期もありますけど、その場合、どうすればいいんですか？

昭和あたりから銭湯は年々数を減らしている。それは誰もが風呂つき物件に住めるようになって銭湯の需要が激減したからで、今の時代、住居喪失者が生活保護を申請してアパートを探す時、福祉事務所から風呂つき物件を探すよう言われるほどに、国が定める「最低限度の生活」にお風呂はついているからなんですけど‼　え、もしかして、全体が貧しくなったから、ナショナルミニマム（憲法が定める「健康で文化的な最低限度の生活を保障する」水準）を引き下げようとしてる？　うがちすぎですか？　被害妄想ですか？

だって、昨今、悪い冗談みたいなことが大真面目な顔で繰り出されるから油断できない。選択肢の無さを「個人の選んだライフスタイル」にすり替える記事には違和感しかない。

「年収100万で豊かに暮らす」とか、「年金5万円でも安心して暮らす節約術」などと謳う節約本や雑誌記事を目にするたびに、背筋が凍る。

誰もが生きられる国を目指せ

コロナと物価高が最も脆弱な立場に置かれた女性たちを直撃する。今この時も、たった一人、不安で眠れぬ夜を過ごす中高年女性たちがいる。先の見通しがまったくつかず「長生きなんてするもんじゃない」「早く死んだ方がいい」、そんな言葉をつぶやく友人たちが私の周りにもいる。

そんな中、政府は防衛費を今後5年間で43兆円と大幅に増やすことを閣議決定した。

非正規雇用の拡大は政治の問題だし、貧困は私たちの責任ではない。私たちが生き方の選択を間違えたからでもない。国が舵取りを間違ったからだ。貧困は政治によってもたらされている。

令和の今、生き方は多様化している。正規職員の夫と妻、子ども2人というかつての標準モデルと異なる生き方を選択した誰もが生きられるような支援策や雇用環境を整えるのが政治の役目だ。40代～の中高年シングルズが味わう不安や苦しみを放置すれば、更に若い女性たちの未来をも摘むことにもなる。そんな国に希望はない。

＊データ出典：わくわくシニアシングルズ　https://seniorsingles.webnode.jp/

4　震災支援ネットワーク埼玉で起きた性暴力、その対応がダメなわけ

今回はいつもと違う話題です。ズバリ、東日本大震災の被災者支援団体である震災支援ネットワーク埼玉で起きた性暴力とその対応について。

この件について語るのは簡単ではない。

それは、震災支援ネットワーク埼玉の代表である猪股正氏やそこで活動している人たちをよく知っているから……では決してない。協力関係にあろうが知り合いだろうが、そんなことは関係ない。むしろ、知り合いだったり友人であればなおさら、性暴力を隠蔽したり、被害者に二次被害、三次被害を与えるような対応に「それ、ダメじゃんね」と言える関係でありたい。それこそが本当の「友達思い」や「仲間意識」だと私の辞書には書いてあるからだ。

では、なぜなのか。

私が性暴力やハラスメントについて語るのが辛いのは、それは、できることなら地中奥深く、それこそ外部マントルくらいの深さに埋め込みたいような、思い出したくもない記憶の数々が泥湯温泉にブクブクと湧くあぶくのように浮かんで甦るからだ。

記憶は消えずにずっと残り続ける

とうの昔に忘れたつもりでいたのに、パソコンに向かう私の心臓は早鐘のように打ち、呼吸も苦しくなる。

小学生高学年の時に本屋で痴漢に遭った。女子高時代の通学路には、露出狂がコートの前をはだけて待ち構えていた。それ以降は、アルバイト先や職場でセクハラも性暴力も激化した。それは凄まじいほどで、詳しく思い出そうとすれば、今すぐ当時勤めていた会社に飛んで行って、脳を揺らすパンチを食らわせてしまいそうなので、ちょっと蓋をする。悪霊どもの記憶よ、外部マントルへ戻れ。ハウス！　速やかにハウス！　ずっとそこで溶けてろ。

20代からセクハラ、性暴力の雨あられを浴び続け、結婚すれば収まるかと思いきや、違った。その頃、私は通訳派遣の会社に登録していて、ゲーム機器のメーカーや、自動車製造会社に派遣される通訳者になっていたため、雇用側と派遣社員という立場の違いを利用された。

私が若かった時代はしかし、電車の痴漢を止めてくれる人もいなかったし、セクハラや性暴力に対応する環境も整っていなかったから、声を上げたところで泣き寝入り。耐えがたい被害に遭った人たちが傷つき職場を去っていくのを私は見てきた。

だから、こんなことは過去にしたいんだよ!!

本当に心から願う。

良いことをしているはずの支援団体のあちこちで、性暴力被害が頻発している。そして、その対応や謝罪は、たいていは素早さに欠け、遅きに失して被害者の傷を深め、あるいは炎上対策くらいにしか考えていない不誠実さが透けて見え、被害者に二次被害、三次被害を与えている。

性暴力がいけないのは当然だが、起きてしまった時にいかに被害者を守れるか、被害者の傷をそれ以上深めることなく癒すことができるか、すべては事件に向き合う真摯な対応と再発防止への決意にかかっていると思う。

震災支援ネットワーク埼玉で何があったか

まず、2022年1月26日に被害女性が実名でインターネットに発表した「I'm Here」と名付けたブログの文章を読んで欲しい。

震災支援ネットワーク埼玉事務局長による性被害について

東日本大震災の被災者支援を行う団体「震災支援ネットワーク埼玉」の事務局長である加害者は、自身が支援者としてかかわる団体(反貧困ネットワーク埼玉)の生活保護受給者である当事者の私に対して、「震災支援ネットワーク埼玉」の事務局長として、私に、震災支援ネットワーク埼玉の仕事を手伝ってもらうようお願いし、私から承諾を受け、私を雇うこととなりました。

そんな中、加害者は、私から、「過去に性被害に遭ったため男性から体を触られるのは苦手である」と事前に聞いていたのにも拘らず、２０１７年12月24日「生活保護運動の慰労をしたい」と私を呼び出し、二人きりの事務所で、私の意思に反して、手と腕にアロママッサージをし、さらに足と背中をマッサージし、マッサージの途中でカーテンを閉めて照明を落としました。

私は、恐怖のあまり激しい過呼吸発作が起きてうずくまって動けなくなりました。

その後も、加害者は私に対して、「人として好きになっちゃった」「できるだけ長く一緒に時間を過ごしたい」「自分は直感でどんどん動くタイプ」などと発言し、私に対して不快な思いをさせました。

上記の結果、私は深く傷つき、現在も当時の被害を繰り返し思い出して具合が悪くなっており、外出が困難な状況が続いています。

上記性的被害（以下、本件）について、２０１９年５月13日、さいたま地方裁判所に訴訟提起しました。翌２０２０年３月26日、同裁判所にて言い渡された判決では、「本件マッサージ行為等をしたことは、原告の人格的利益としての性的自己決定権の利益を違法に侵害したものであるというべきであり、不法行為に当たると認められる」とされ、損害賠償の支払いが加害者に命ぜられました。その後、同年４月に加害者によって控訴され、12月16日に東京高等裁判所にて和解いたしました。

和解調書附帯の文書にて、加害者は上記の被害内容を認めて謝罪し、また、「二度と同様の被害者を出さないために、再発防止に真摯に向き合います。」としています。

本件被害を繰り返し想起する苦しさから、この間何度も「死にたい、もうこの苦しみから解放されたい」という衝動に駆られることがありましたが、その都度、このような思いを誰にもしてほしくないと思い、踏みとどまってきました。また、被害から3年以上が経った昨年にも、通院の途中で加害者に似た男性を見かけ、恐怖がよみがえり過呼吸発作が起きて、しばらく動けなくなるということがありました。

このような被害が二度と起きないことが、当初からの私の願いです。

2017年11月10日に加害者が震災支援ネットワーク埼玉の仕事に誘う前までは、二人きりで話すことも食事をすることも出かけることもなく、またそれ以後も、二人で会ったのは団体の仕事を理由に3、4回であり、親しい関係性では全くありませんでした。私は団体業務以外で二人で会うつもりはなく、本件行為前にしつこく食事や会うことに誘われた際も断っていました。

本件については、これ以上断ったら相手の気分を害し、今後の仕事に影響を及ぼすのではないか、生活保護運動の支援もしてもらえなくなるのではないかと思い、呼び出しに応じざるを得ませんでした。

本件は、震災支援ネットワーク埼玉という支援団体の事務局長までしている人物が、団体の仕事を与えるという条件を掲げて私に近づき、団体事務所に呼び出して不法行為をしたものであり、団体は本件に深く関りがあります。

だからこそ、団体の皆さんには、裁判で加害者本人が認めた被害の事実を真摯に受け止め、しっかり再発防止に取り組んでいただきたいと考えていました。

2021年4月22日、再発防止のための面談の機会をいただきたい旨のメールを震災支援ネットワーク埼玉代表の猪股正氏に送りましたが、その後3か月が過ぎても回答がなかったため、「まずは被害当事者である私の話を聞いてください。」と再度の連絡を送りました。

同年8月2日、猪股氏から、代表としてではなく個人的な立場で書いたという返信がありました。文中では、団体執行部の意向としては、猪股氏が代表として私に会うことには消極的であるとしながらも、団体としての回答については「そういった文書や文字は人を傷つけることがあります。」として、その後も団体としての回答は一切ありませんでした。

さらに、上記の被害実態、裁判の経緯などを告知し、本件について団体としての見解を求める書面を、

12月10日付で送付しましたが、回答期限を過ぎても何の応答もありませんでした。

このように団体として被害に真摯に向き合わず、被害当事者からの申し入れに対して回答すらしないことは、この被害を黙殺しようとするものではないでしょうか。もし団体内でまた被害が起きたら、同じように無視して被害をなかったことにして、そしてまた同じことが続いていくのでしょうか。

現在も加害者は事務局長として変わらず支援活動を続けており、本件について団体としての対応は何もありません。私が被害に遭った時とまったく同じ状態であるからこそ、同じことが繰り返されるのではないかと危惧しています。

このように団体として何もしないということは、団体内の被害（加害）が起きる状態を温存し続けることであり、無責任、かつ、大変危険であると思います。

本件を公表し、この被害とそれに向き合おうとしない団体の実態が広く知られることで、もう二度とこのような被害が起きないよう、加害をしない・させないための取り組みにつながることを切に願っています。

２０２２年1月26日

橋本真希子

https://imherekoko.blogspot.com/2022/01/blog-post.html より

団体のこれまでの活動を否定するものでは決してない。ただ、弱い立場に置かれた人の人権を守る活動の中で、立場を利用した性暴力があった。裁判を通して被害が認められてもなお、加害者側は事務局長の座にとどまり、活動を続け、そして団体はあくまで「個人間の問題」として、団体として対応することを避け続けた。その結果、4年の月日が流れ、被害女性がついに1月26日、前述の「I'm Here」という悲痛なタイトルのブログで文章を公開せざるを得なくなった。その対応のひどさを痛烈に批判する。

これまでの経緯まとめ

2017年12月　女性が事務局長から性被害を受ける
2019年5月　女性が事務局長を提訴
2020年3月　さいたま地裁が被害行為を認める判決
　　　4月　事務局長が控訴
　　　12月　東京高裁で「和解」(双方の合意による訴訟終結)が成立
2021年4月　女性が猪股代表にメール。再発防止策などについての話し合いを求める
　　　8月　猪股代表が返信。団体の代表としては女性と会わない旨伝える
　　　12月　女性が再度、性被害への見解を求める書面を団体に送付(10日付)

2022年1月　書面への回答がないため、女性がインターネットで文章を発表（26日）
「ウネリウネラ」公式サイトより

回答がくるまでが地獄

本件についてブログに記事を掲載した物書きユニット「ウネリウネラ」のウネラ氏は、過去、朝日新聞社に勤めていた時に性暴力被害を受けている。ウネリウネラのお2人はその時のことを振り返りながら、こう書いている。

（ウネラ氏が被害を受けたときは）「調査申し入れ」を行ってから、回答がくるまでの数か月間が地獄だった。いつ回答するか、会社は全く伝えてこなかった。「今日回答が来るかもしれない」「回答はいつ来るのか。まさか、このまま無視するのか」と混乱させられた。そういう状態が数か月続いた。「回答はいつ来るのか。まさか、このまま無視するのか」と混乱させられた。そういう状態が数か月続いた。そうやって誠実に対応されず、何も分からない状態で待たされた人間の地獄を想像してみてほしい。応答が返ってこない一分一秒に、どんどん追いつめられていった。毎日、生きていくのがやっとの状態だった。「私が死ねば会社はコメント出すのか」。そういうことを何度も考えた。

筆者（ウネリ）が想像するに、猪股代表に話し合いを求めるメールを送ってから、10カ月くらいのあいだ、女性はウネラと同じように苦しんでいたのだと思います。ウネラは朝日新聞社のことを一定程度信頼していました。筆者の知る限り、今回被害を発表した女性も、代表の猪股氏のことを信頼していました。信頼を寄せる相手から対応を拒まれるのは、とてもつらいことだと思います。

（ウネリウネラのブログ「震災支援ネットワーク埼玉」の性被害対応について）

本件の被害女性やウネラ氏と同様に語るのは憚られるが、私も似た体験をしている。私にとっては遠い過去の出来事である。それでも、体中に刻まれた数々の傷は癒えてはいない。今でも思い出せば動悸が激しくなるし、顔も険しくなる。

私が訴えたハラスメントは否定され、私は孤立していて、検証も、再発防止を望むこともできなかった。私は、当時私を理不尽に苦しめた人たちすべてを、何年も経った今でも心の底から軽蔑し、そして決して彼らのようにならないと誓うことで自分の尊厳を保っている。

震災支援ネットワーク埼玉の「謝罪」を検証

震災支援ネットワーク埼玉に話を戻そう。

話し合いの申し出を何度にもわたって無視された被害女性は、ついに実名で文章を公開した。その後、ＳＮＳで拡散された彼女の「I'm Here」という文章は、関係団体や女性たちに衝撃を与え、そこにきてようやく震災支援ネットワーク埼玉は2月に団体ブログ内で初めて団体としての謝罪を掲載した。

当団体職員による性被害に関する謝罪及び再発防止の取組について

２０１７年12月に発生した当団体職員による性被害（以下「本件」）について、当団体として、以下のとおり、謝罪させていただき、再発防止に継続的に取り組む所存です。

先般、被害女性の方から、本件の発生状況、訴訟提起から和解に至る経緯、現在の困難な状況、本件と当団体との関連、当団体に責任ある対応を求めること等、書面にて申し入れいただきました。

本件の発生につきましては、職員本人も事実関係を認めているところであり、被害者の方に対し、本件により深く傷付かれたことについて、まずもって、当団体として、深くお詫び申し上げます。

他の取組で疲れている被害女性を慰労したいとして声をかけ、当団体も事務所として使用している場所において、二人だけの状況となったこと自体、自己の立場や被害女性に対する関係の優位性等についての自覚や配慮を欠く行為であったといわなければなりません。また、当該職員は、被害女性から、過去に性被害に遭われたことなどを事前に聞いていたにもかかわらず、自己の行為によって重大な結果が惹起されることを考えることなく、被害女性の意思に反して、手足や背中のマッサージを行うなど身体に接触し、その結果、恐怖心と激しい過呼吸発作を生じさせ、多大な苦痛を生じさせたものであって、弁解の余地のない到底許されない行為です。

職員本人は、被害発生に先立つ同年11月以降、被害女性に対し、一時、業務を有償でお願いし、その後もお願いする方向で相談していた事実があったことを確認いたしました。当団体は、東日本大震災後の被災者支援を行うボランティアにより結成された被災者支援組織であり、苦難を抱えた方々の人権擁護に取り組む団体です。このような団体の活動に関連して、こうした行為が行われるということは、決してあってはならないことであり、当団体として、真摯に反省し、二度とこのような事態を起こすことのないよう再発防止策の構築に取り組む所存です。

この度、団体としての責任を認め、当該職員を役職から解任することにいたしました。

本件の重要性に鑑み、当団体は、本年3月末日をもって、活動を休止することにいたしました。その間、被害者の方のお話を聞かせいただきながら、二度とこのような事態を起こすことのないよう、外部の識者等を入れてあらためて被害の原因を検証し、新たな体制を構築し、再発防止に継続的に取り組む所存です。

最後に、上述の諸点についての認識が不十分であったことから、当団体として適切な対応をしないまま時間が経過したことにつきましても、重ねてお詫び申し上げます。誠に申し訳ございませんでした。

今後の再発防止の取組の状況につきましては、またお知らせさせていただきたいと思います。

2022年2月10日

震災支援ネットワーク埼玉代表　猪股　正

なんだこれは⁉ というのが第一印象だった。これでは、被害女性を更に深く傷つけるから、読ませたくないと思った。謝罪文を検証しよう。

【疑問1】「2017年12月に発生した当団体職員による性被害(以下「本件」)について」と始まるこの文章、「当団体職員」とある。加害者は事務局長であり、他の職員とは立場が異なる。なぜ、事務局長と書かないのだろうか。なんとしてでも、職員同士の個人的トラブルとして扱いたい気持ちが「職員」という2文字から立ち上っていて、誠実さに欠けると言わざるを得ない。

職場内や活動内での暴力は、大体立場の違いを利用されて起きる。その典型であるのに、「事務局長」と書かずに「職員」とすることで相手の役職を曖昧にする配慮は誰のためなのか? 加害者擁護と見られても仕方がない。

【疑問2】 性暴力の描写を編集して書いた意図を問う。

謝罪文には「手足や背中のマッサージを行うなど身体に接触し」とある。しかし、ここで被害者のブログを読んで欲しい。「手足や背中のマッサージを行うなど身体に接触」も当然ダメなのだが、実際はそれ以上に生々しく、恐怖を伴うものだった。加害者のセリフの数々も含めて。そして、彼女を苦しめたそれらの具体的描写は謝罪文には見当たらない。

敢えて加害行為を軽く見せようとする意図があったと思うのは私だけではないはずだ。どのみち謝罪文には加害行為の描写は書くべきではない。編集なんてなおさらだ。被害女性のブログのリンクをこそ、貼るべきだった。どうしてそこまで彼女を無視できるのか? ここでも、猪股氏が誰に配慮しているのかが悲しいほどに分かってしまう。

【疑問3】 結びの「最後に、上述の諸点についての認識が不十分であったことから、当団体として適切な対応をしないまま時間が経過したことにつきましても、重ねてお詫び申し上げます。」の言葉の足りなさ。

被害女性の文章を読むにつけ、女性が猪股氏に対して、何度も、団体としての話し合いの場を持って欲しい、私の話を聞いて欲しいとお願いしてきた様子が分かる。それでも「認識が不十分」の一言で片づけてしまうのは雑駁すぎないだろうか。「適切な対応をしないまま時間が経過」とまとめるには長すぎる時間が経過している。

どうしてそうなってしまったのか。

それは、猪股氏一人の問題ではないのかもしれない。

ほかのスタッフたちも活動を優先するために、目の前の一人を犠牲にしなかったか。むしろ加害者側に共感し、女性の被害を軽んじ、女性にさらなる苦しみを与えなかったか。こんなことを偉そうに言いたくはないが、これまで4年間、団体の中で自浄作用がまったく起きなかったことが不思議でならないのだ。

一人ひとりが自分自身と向き合って欲しい。私とて、無関係ではない。私自身、被害者にも加害者にもなる可能性がある。だからこそ、そんな時に見たくない自分に向き合える人間でありたい。

また、支援業界にいる私が本件を問題にするのは、分断が目的ではない。人権を大事にする団体の一人ひとりが(自分も含め)、ダブルスタンダードや自己矛盾に目をつぶるのではなく、より良い方向へ進めるようになって欲しいのだ。

信頼する番組ディレクターが言った言葉がある。

「私は具体的な誰かを思い浮かべて、その人に届くように番組を作っています」

私は今、具体的な誰か、つまり被害に遭った女性を思って、つたない言葉を発信している。その彼女の後ろには、若き日の私も含め、大勢の葬り去られた被害者がいることが分かっているから。

震災支援ネットワーク埼玉は苦難を抱えた方々の人権擁護に取り組む団体とある。多くの人々を助けてきたその実績が曇らぬよう、目の前の一人に真摯に向き合ってくれることを切に願う。個人も、団体も、アップデートし続けるためには、自分に都合の悪いことから逃げてはいけない。僭越ながら、そして自戒を込めてそう思う。

その後のこと

被害者の橋本真希子さんがブログに文章を公開してから3か月後の2022年4月、ようやく面談での話し合いが実現した。しかし、橋本さんが指摘した事項に関しては認めることもなく釈明に終始。その後、労働や性被害者救済を専門とする弁護士による第三者委員会が設置されたが、その検証が始まる前の同年9月1日に、団体側はホームページで独自のハラスメント防止規程をアップした。

真摯な再発防止を願う被害者の意向や、事件を踏まえての反省は規程には反映されていない。被害者である橋本さんは、現在も体調不良に苦しみながら表面的ではない再発防止を実現すべく闘っている。同じような被害を再生産しない社会、それだけを願って。

第4章

共存共生を目指して
——生活困窮する外国人

1　帰りたくても帰れない「仮放免者の生き地獄」

「仮放免者」という言葉を耳にしたことがあるだろうか？

仮放免とは、在留資格が得られず非正規滞在となった外国人に対して、入管（出入国在留管理庁）が施設での収容を一時的に停止し、一定の条件のもと身柄の拘束を解く制度である。

自国の政治、宗教、民族対立などで迫害され、命からがら日本に逃げてきた人たちが難民申請をする。しかし、日本での難民認定率は他国に比べ、突出して低い。２０２１年の難民認定数はたったの74人、難民認定率はわずか０・７％にとどまる。同じ年、ドイツの認定数は３万８９１８人（認定率25・9％）、カナダは３万３８０１人（認定率62・1％）、フランスが３万２５７１人（認定率17・5％）、アメリカが２万５９０人（認定率32・2％）、イギリス１万３７０３人（認定率63・4％）と、諸外国と比べると日本の認定数の異常な少なさが際立つ。

難民申請をしても認定はされない。帰国しても生きていけない。クルドやロヒンギャのように帰る国がない民族もいる。帰れないから申請を繰り返さざるを得ない。それでも認定はされない。最後はオーバーステイとなって入管施設に収容される。

また、難民ではなくとも、すでに滞在が長期化して、生活のベースが日本になってしまった人たちだっている。子どもたちが日本生まれ日本育ちだとしたら、なおさらだ。何十年を経て母国に帰ったところで生きる術はなく、帰ろうにも帰れない人たちが在留許可を得られず、また入管に収容される。

このように、日本にはさまざまな理由があり、自国に帰れない外国人が数多く暮らしており、仮放免者の数は2021年12月末で5781人。苦しい暮らしを余儀なくされている。

末期がんでホームレス化

仮放免者を支援し、医療費の寄付活動を行っているNPO法人北関東医療相談会（通称アミーゴス）の大澤優真氏は怒っていた。

2022年3月8日、北関東医療相談会が厚生労働省記者クラブで「仮放免者」の生活実態に関する調査結果を報告した時のこと。穏やかな表情と、感情を排した口調の裏には、おさえても、おさえても溢れる悲しみと焦燥感、怒りが見え隠れする。

「周知のように、収容を一時的に解かれたとしても、仮放免者は働くことを認められていない。収入を得ることができない。では社会保障はあるのか？　国民健康保険、一切ない。医療費が全額負担になるから我慢を重ねて重症になって緊急搬送になる。生活保護も対象外。食糧がない、病院にいけない、家賃払えない。しかし、支える支援策はなにもない。「大げさではないか」「そんなことといっても、結局どうにかなるんでしょ？」と言われるが、ならない。どうにもならないんです」

北関東医療相談会の事務局長・長澤正隆氏と大澤氏には、忘れられない人がいる。

カメルーン出身のマイさんだ。

難民申請が下りず、入管施設に収容された。収容中に体調を崩したが、1年間治療もされずに放置された。その後、症状の悪化に伴い仮放免されたが、お金がない。健康保険の加入もできないため、満足に病院にかかることもできず、末期がんの状態でホームレス状態に。家賃が払えなくなって友人宅やホテルを転々とした挙句、42年の生涯を閉じた。

早期に治療を受けていれば、まだまだ続いた命だった。太陽のように明るい彼女の笑顔は、関わる人たちを温めただろうに、もうその笑顔を見ることは叶わない。

仮放免者たちの深刻な状況

マイさんのような例を挙げると、「極端な例でしょ?」という意見がしばしば聞かれた。そこで大澤氏は、2021年10~12月の間に仮放免者の生活実態調査を始めた。仮放免者に向けアンケートを450件発送し、141件の回答を得た。

想像はできていたとはいえ、その結果は過酷極まるもので、数字はそのまま悲鳴となって私の耳に届いた。瞬きもせずにデータを見つめた(円グラフ)。

生活状況を「とても苦しい」「苦しい」と答えた人は約9割にのぼり、経済的問題により医療機関を受診できないことがあると答えた人は8割を超えた。

日本の家賃の高さも彼らに大きな打撃を与えている。

家賃の負担を「とても苦しい」「苦しい」と答えた人は8割超え。すでに家賃を滞納している人は

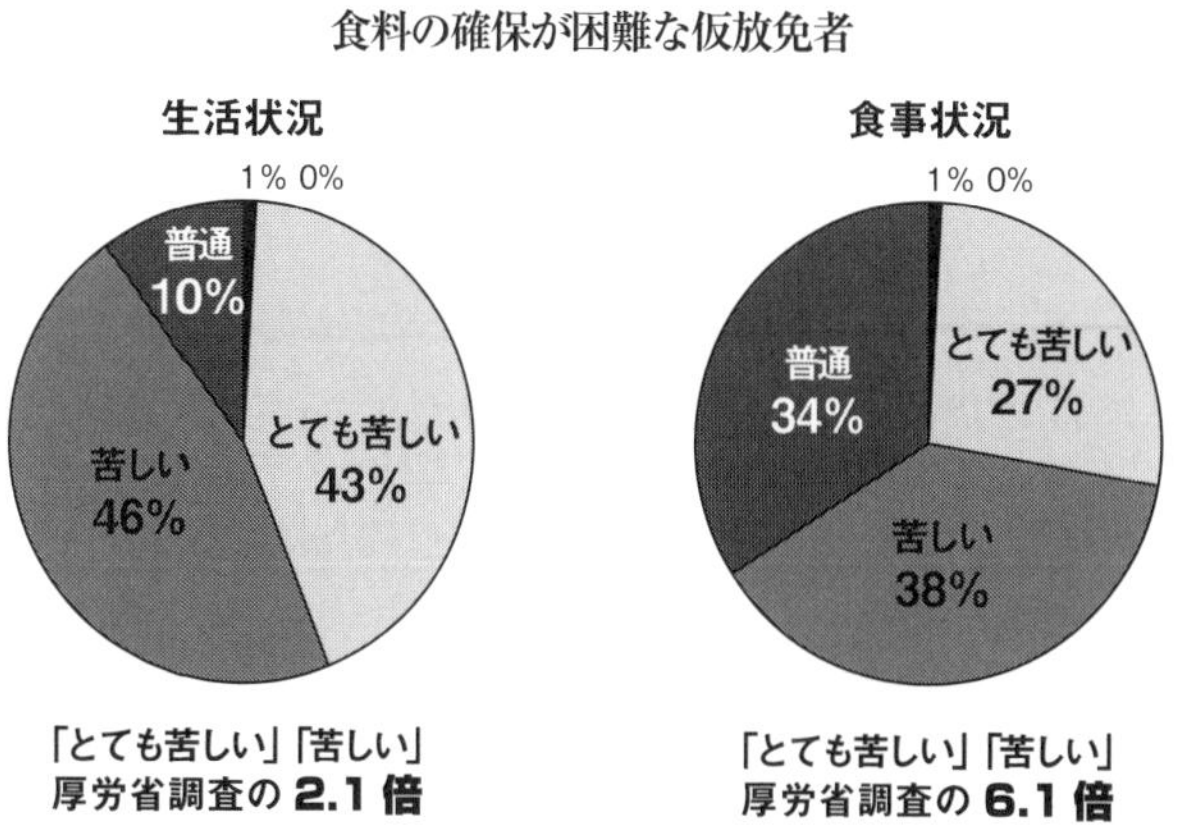

NPO 法人北関東医療相談会・報告書「生きていけない」外国人仮放免者の過酷な生活実態（「仮放免者生活実態調査」報告より抜粋して作図）
（https://npo-amigos.org/post-1399/）

4割にのぼる。中には、部屋を借りる代わりに性的関係を強いられる女性の例も複数あり、まるで奴隷のような日々を強いられていることがわかる。同じ仮放免者の中でも、女性はさらに弱い立場に置かれていることがわかり、言葉を失った。

「なら国に帰れ」と言う前に知って欲しい

そんな苦境に喘ぐくらいなら、国に帰ればいいじゃないかと言うだろう。

しかし仮放免者たちは、そんな苦境にあっても、自国に帰れないさまざまな事情を抱えた人たちだ。帰国できる人はすでに帰国している。考えれば分かるのではないだろうか。

2021年3月、スリランカ人のウィシュマ・サンダマリさんが入管施設で亡くなった。入管施設で亡くなる人はあとを絶たず、たとえ仮放免となって収容を解かれたとしても、どのみち生きてはいけないように兵糧攻めに遭う。そんな拷問のような責め苦を受けながら、なぜ帰らないのか。帰れないからでしょうが！

日本にいても難民認定されない。在留資格も得られない。待っているのは期限のない施設収容。仮放免になっても地獄。帰国したら即殺されるかもしれない地獄。

殺害されるほどの危険はなくても、自国で生きていけないことがわかっている場合、やはり帰れないのだ。

前述のように、日本の難民認定率は１％未満。難民条約に加盟していてこの有様では、条約加盟はポーズに過ぎないということになる。やっているアピールはしていても、実際は追い返すための嫌がらせにあの手この手を尽くす挙句に、目の前でむざむざと死なせたりする。あってはならないことだ。

「外国人に俺たちの仕事が奪われる」は本当か？

私は普段、生活困窮者支援の活動をしている。その関係で国籍問わず、生活に困ってしまった方々に出会うのだが、そこで思わず顔を曇らせてしまう主張を聞くことがある。

「仕事を探しているが全然ない。外国人が俺たちの仕事を奪っているんだ！」

聞けばその人が探していたのは駅前の自転車管理の仕事だった。私自身は駅前の自転車管理の仕事に外国籍の方が就いているのをこれまでに見たことがない。

「その仕事を外国人が取ったんですか？」と聞くと、男性は口ごもる。

「あなたのお仕事のライバルは外国人ではなく、低年金でアルバイトをしないと生計が成り立たない日本人の高齢者ではないでしょうか」と諭さずにはいられなかった。

男性の後ろには、病を抱えながら医療にかかれず、家賃も払えず、食費にも事欠く外国籍の男性がうなだれて生活相談の順番を待っていた。

生存を椅子取りゲームにせず、ともに生きる道を模索することはできないのだろうか？

仮放免者の生活と命を守るために必要なこと

北関東医療相談会の長澤正隆氏と大澤優真氏ら支援者が国に求めるのは以下である。

・就労を認めてください

・国民健康保険など医療保険の加入を認めてください

・無料低額診療事業を行う医療機関への支援をしてください

・生活保護法を適用してください

仮放免者に向けたアンケート調査の結果、回答者の87％が20〜50代の働ける年齢層だということがわかったため、まずは就労許可と医療保険への加入が急務だ。私が所属する「つくろい東京ファンド」のシェルターにも現在13世帯の外国人が暮らしているが、彼らはみな異口同音に「働きたい」と いう。

記者会見にはアフリカ出身で難民申請中の男性B氏とミャンマーのロヒンギャ難民のミョーチョーチョー氏が参加していた。B氏は難民申請を却下され続けていて、現在、3度目の申請をしている。「アフリカ、戦争のところばかり。1週間で50人とか死んじゃう。ほんとに帰れない」と語った。

ミョーチョーチョー氏は2月6日にバングラディシュに避難していた父親を病気で亡くしたばかり。

自分が仮放免で働けず、父親に治療費も送ることができずに死なせてしまったことを悔いて、涙ながらに訴えた。

そして2人とも、仕事をしたいと訴える。人に頼って生きるのは心苦しい。仕事をして、自分の力で生活したい、家族の面倒をみたい。誰かの役にも立ちたい、そして病気になったら病院にも行きたいと。

これは、わがままだろうか？

私たちの便利は外国人技能実習生に支えられている

働かせてほしいと懇願する仮放免の外国人たちがいる一方で、日本は深刻な労働力不足の問題を抱えている。農業、水産、畜産分野で後継者不足が顕在化しており、今やベトナムや中国からやってくる技能実習生たちによって、日本の産業が支えられているということを、どれだけの日本人が知っているのだろうか。

和牛も牡蠣も小松菜もメロンもみかんも、技能実習生がいなかったら、これまでどおりにスーパーに並ばなくなる。オリンピックなどの一大プロジェクトを労働力で支えているのも外国人だ。少子高齢化の日本で、私たちはもはや日本人だけで自立などできない現状がある。

日本はまだ豊かだと思いたいのは私も一緒だが、つらくても現実を直視した方がいい。「外国人が日本の富をかすめ取りにくる」は、もはや失笑ものの幻想だ。日本はバブルの頃の力をとっくの昔に失っている。あまり外国人差別をしていると、コロナ禍でなくても技能実習生が来てくれなくなるとは考えないのだろうか。そうでなくても、一部の良心的な雇い主を除き、劣悪な環境で働かせ、実習生たちに暴力、差別を繰り返す日本企業や雇用主の情報はアジアの国々に伝わっていて、日本の評判はダダ下がりになっている。外国人の人権を軽視し、労働力を搾取するだけの技能実習制度も改善の余地がありすぎだ。

労働力を補い、少子化対策としての移民政策

深刻な人手不足は農業だけではない。コンビニや外食チェーン、ホテルなど接客業でも同様で、私たちが日常的に利用しているあらゆる店舗も外国人がいなければもはや回らない。そのくらい、私たちの「便利」は外国人労働者に依存している。

人手不足の深刻化は就労の現場にとどまらない。日本の少子高齢化は地方の過疎化を促進している。北海道東川町は2015年に全国で初めて自治体が運営する日本語学校を設立し、町独自の奨学金を設けて学費を助成、留学生の受け入れを進めている。留学生の増加によって人口が増加すれば、国の地方交付税が増える。外国人の流入によって増えた地方交付税を、町の高齢者福祉や子育て支援の財源にしている。

島根県出雲市も同様で、少子化と人口減に強い危機感を持っている。出雲市の長岡秀人市長の言葉が重い。

「人が住まないと街は衰退する。人口減少がもたらす弊害は惨憺たるものがある。外国人だろうと日本人だろうと住みやすさをもっと極めていけば、なんとか人口減社会に逆らうことができるのでは

ないだろうか。ぜひこの地で永住してもらいたいという思いがある。それにしっかりと取り組んでいくことが元気な地方として生き残る手段だと思っている」（光文社新書『データでよみとく　外国人〝依存〟ニッポン』より抜粋）

日本が生き残るための手段としての共存

おわかりいただけただろうか。

人道的観点から仮放免者（や技能実習生）の待遇を改善するのはもちろんのこと、私はこの国が生き残るための手段として、外国人の受け入れを積極的にして欲しいと考えている。受け入れるからには、相手を「労働力」としてではなく、自分と同じ「人間」として受け入れて欲しい。

そして、働きたい仮放免者に就労許可と医療保険を。それだけで、自立できる人はたくさんいることはデータを見れば明らかだ。

仮放免の人たちに就労許可を！　医療保険加入を！

彼らの「生きる」を応援してほしい。同じ命なのだから。

2　僕が生きられる場所を探して

※これは日本を舞台にしたフィクションです。

あの日、日常が変わった。

数日降り続いた雨が朝のうちに止み、午後には青空が広がった。

久しぶりに晴れた日曜日、映画館にでも行こうかと僕は外に出た。きらめく水たまりが鏡のように空を映している。蜜柑の花の香りを運ぶ風が首筋を撫でる。思わず目を細めて空を見上げるほどに眩しい初夏の空。

電車に乗ると、もはやそれが人間の習性でもあるかのように、バッグからスマホを取り出しSNSを覗く。

そういえば、今日、僕が常勤しているホームレス支援団体の同僚Fが国会議事堂前でスピーチをするらしい。この国で主義主張をする物好きは日に日に減っている。枯れ木も山の賑わい、どれ映画の前にひやかしに寄ってやるかと、僕は丸ノ内線に乗り込んだ。

様子がおかしいと気づいたのは、抗議演説が行われている国会議事堂が遠くに見えてきた頃だった。F直筆の「共生社会の実現」と書かれた横断幕が引きちぎられ「現」の部分だけが辛うじて残っている。Fらの周りはいつになく異様な人だかりがしている。聞こえてくる声がいつもの熱のこもった演説や、パラパラとまばらに聞こえる拍手ではなく、怒号と悲鳴であることに気づいて、僕はFのもとへ駆けだそうとした。その時、彼がビールケースの上から引きずり倒されるのが見えた。あたりを見回すと、いつもなら必要以上に配備されている警備員や警官の姿もない。

怒号と暴徒に覆い隠されて、Fや知人たちの姿はたちまち見えなくなった。角材のようなものが何度も何度も振り下ろされている。僕は、遠くで起きている光景をとっさに理解することができずに人形のように立ち尽くしていた。その時、角材を持った一人がこちらを振り向いた。目が合った瞬間、僕は我に返り、1歩後ずさると踵を返してそのまま全速力で地下鉄の階段を駆け下りた。遠くでFの悲鳴を聞いたような気がしたが、僕は走って走って…どのようなルートで家に帰りついたのかも思い出せない。

テレビのニュースが首都圏のあちこちで多発した暴動を伝えていた。政権に批判的な企業や政治団体の事務所の窓が割られたり、弱小団体の代表者が拉致されたりしているようだったが、新聞もニュースキャスターも「テロを企てる組織を自警団が鎮圧した」と、一切の感情を排した人形のような顔で報じていた。

本当のところ、予兆はずっとあったのだ。

この国が自然災害に襲われ、無数の人々の生活を支えていた町がまるごと消滅し、多くの命が消え、直後に追い打ちをかけるように原発が爆発した。その傷も癒えぬまま、今度は未曽有の伝染病が流行り、国中がパニック状態に陥った。

感染拡大の原因になるからと、家に閉じ込められた人々の不安は募り、心はすさみ傷つき、国からの経済的援助も十分に受けられないままに困窮する人々が爆発的に増えた。

不安を自分の中で処理できない人たちが、それでも生き抜くためにしたことは、「諦め」そして「受け入れる」という行為で、一人また一人と手の中の自由と権利を手放し、どんな仕打ちや理不尽も受け入れる態勢が醸成されていった。「しょうがない」。そう呟きながらぬるい絶望に身を浸すうち、感覚は次第に麻痺して、痛みも不安もそれほど感じなくなっていった。むしろ、それこそが強さだと喜び、幸せだと信じた。

そんな中、存在感を増していく人たちがいた。

自信も生気も失った社会に「生産性第一」をスローガンに「豊かな国の再生」を叫ぶ『優生日本党』。そして、圧倒的な資金力で党をバックアップしているのが、国民の不安や不幸を吸い上げて巨大化した「偉大なる日本教団」で、「日本スゴイ!」を合言葉にズタズタに傷ついた人々の自尊心を慰め、信者を獲得していった。

しかし、かりそめの幸せは長くは続かない。錯覚をし続けてもらうためにはうっぷん晴らしの麻薬が要る。この国では、いつの時代もイケニエを必要としてきたのだから。

そこで標的となったのが、優生思想や生産性主義と真っ向から対立して「共生社会の実現」を叫ぶ僕たちのような人間だった。

社会秩序を守り、復興を目指すためには、国の方針に逆らうような不届き者は和を乱すノイズでしかない。成敗するのはこの国の八百万《やおよろず》の神が認める「正義」なのだそうだ。しばらくはネットや街宣での妨害が続いていたが、この日、ダムが決壊したかの如く、各地で粛清が開始された。

＊　＊

Fは、体中に受けた傷がもととなって「テロリスト」として亡くなったことをネットで知った。同時に、同じような活動をする友人たちの多くと連絡が取りにくくなった。呼び出し音は鳴っても電話に出ない知人も出てきた。

あの日以来、僕はカーテンを閉めて部屋に引きこもっている。青空を見るのが怖い。夜が更けるとフードをかぶり、マスクをして買い物に出かける。コンビニで買い物をしていても、店員が突然角材を振り上げるのではないかという恐怖に襲われる。

あの時、Fは僕を見たのだろうか。

＊　＊

国会議事堂が「優生日本党」の支持者と「偉大なる日本教団」に占拠された。年々数を減らして少数派になっていた野党議員たちが、テロリストを扇動したとされて拘束された。拘束された議員の中にはあっさりと優生日本党に寝がえる者が相次いだ。

＊　＊

「おい、君、無事か?」

携帯電話を鳴らしてきたのは、社会学を学んでいた大学の指導教官だった。

僕は感極まって泣き出して、だけど恩師はそんな僕を制して早口でこう言った。

「逃げなさい。国外に、一刻も早く」

＊　＊

社会学の権威だった恩師がその数日後に逮捕されたと報道が伝えた。僕は小さなリュックに貴重品だけを詰め、夜中にスクーターで北関東の実家を目指した。

深夜近く、ドアを開けてやつれ果てた僕を目にした両親は、一瞬狼狽したような表情をシミが目立ち始めた顔に浮かべたが、素早く周囲に目を走らせたあとで抱え込むように僕を家に入れた。母親が僕が子どもの頃から好きだった豚肉の生姜焼きを手早く作ってくれ、とにかく食べろと促す。父親は眉間に深い皺をよせて僕を見ていた。

その晩、何日ぶりかに安心して眠りについた僕は、これまで聞いたこともないほどに緊張した父の声に起こされる。僕は母が顔をこわばらせながら持ってきてくれた靴とリュックを胸に抱えて、ベランダづたいに隣の家の屋根に下り、裸足で夜の闇を走った。やみくもに。

玄関が乱暴に叩かれる音と複数の男の声、母親がドア越しに震える声で応対しながら僕を振り返り、早く行きなさいと必死に手で合図していた。その顔が目に焼き付いた。

僕はあのとき実家に逃げたことを、その後、一生後悔することになる。

＊　＊

ノロノロと動き出したボーイングがスタートラインで一旦止まり、大きく息を吸い込むみたいにエネルギーを最大限まで溜め、それから耳をつんざく金属音を立てて加速をはじめる。遂に機体が浮いて大地を離れた瞬間、はりつめていた糸が切れたように座席に沈んだ。シャツもジーンズも汗でびっしょり濡れていた。助かった。

出国できたのは奇跡だった。

海外なんて教授にくっついてフィンランドに一度行ったきりだが、その時に作ったパスポートの期限が残っていたこと、ネットで素早くチケットを購入できた幸運を思い返して体が震え、嗚咽しそうになるのを、口を強く押えることで耐えた。

観光の名目で、まずはマレーシアに渡った。クアラルンプールでブローカーに会い、父親が逃げる直前に僕のリュックにねじ込んだ50万円と、出国時に下ろした貯金のほとんどを渡し、ビザなしで行けて、難民条約に批准している国への出国を手配してもらった。

乏しい選択肢の中から僕が選んだ国は、親切で礼儀正しい国民が住むという日本に似た小さな島国だった。

＊　＊

日本では、優生日本党を中心とする政権が、急ピッチで収容施設を建設しているようだ。政府に意見するもの、逆らうもの、生産性がないと判断されたものたちが片っ端から財産を没収され、職業訓練施設という名の収容所に容れられている。

チャイナタウンの安ホテルに滞在中、手垢がこびりついた電話機から、かつて一緒に抗議活動をしていた仲間や大学時代の友人、両親に連絡をしたが、誰ともつながらない。

Ｆの悲鳴や、恩師の声、両親の顔が一日のうちに何度も何度もよみがえる。そのたびに壁に頭を打ち付けたい衝動に駆られて叫び声を上げ、ゴミ箱を蹴る。階下からでっぷり肥った禿げ頭のオーナーが広東語でなにやら怒鳴り返してくるのを聞きながら僕は泣いた。

生きなくては。生きなくては。その理由が今は見つからなくても。

＊　＊

親切な国民が住むと聞かされていた国に到着すると、僕は空港の入管で難民申請をしたいと申し出た。もう所持金も尽きかけていた。

頑丈なアクリル板で作られたボックスに入った入管の職員は、僕の挨拶に答えもせず、「この国での生活は地獄になるよ。戻った方がいい」と、僕のパスポートをヒラヒラさせながら言った。帰れば命の保証がないと答えると、職員は面倒くさそうにため息をついて、それから僕は空港にほど近い難民収容所に収容された。そこに2週間収容されたのちに、田園風景広がる地方の収容所に移送された。

＊　＊

命からがら国を逃げ出してから5年が経つ。

僕は難民条約に批准していて、優しい国民が暮らすこの小さな国の難民収容所で難民認定を待っている。この5年間、僕の世界は1・7m×3mの四角いセルの中。窓はない。鍵は外から施錠される仕組みだ。左隣にはベトナム、右隣のセルにはやはり日本から逃げてきた中年男性がいたが、「あたまがいたい、いたい、いたい」とうわごとのように繰り返しながら亡くなった。最後まで鎮痛剤しか処方されなかった。

入管の職員にとって僕たちは人間に見えていないのかもしれない。体調不良を訴えても詐病とみなされて放置される。先の見えない絶望に抗議などすれば、制服を着た職員たちが口々に「制圧、制圧！！」と叫びながら走り出て来て、抵抗する力などとうに失われている者を床に押さえつける。あまりに長期にわたる終わりのない収容に、心身ともに疲弊して首を吊る者、ハンガーストライキの果てに餓死する者は後を絶たない。

親切なはずの国民はこの実態を知ると、口を揃えて言う。「なら国に帰ればいい」

＊　＊

両親が2年前に収容所で亡くなったことを叔父からの手紙で知った。

今では反政府思想を持つ者に限らず、権力者の気分次第で国民の運命が決まってしまうほどに独裁的になった日本は、生産性を上げるどころか、過去に例を見ないほどの経済困窮に陥っていると国際社会は伝えているが、国内では日本賛美の報道や番組が流され続けている。

日本に留まっていれば収容所に収容されていたであろう僕は、今、避難した国の収容所に入っている。イギリスやカナダ、ドイツや北欧に逃げた同期たちは、数か月で難民認定を受け、手厚い語学研修や支援を受けながら、新たな人生を歩んでいる。

僕はどこまで持ちこたえることができるだろう。

最近再びアウトブレイクが始まった感染症の影響で、近々僕は「仮放免」という身分になるらしい。はじめて外に出られる。しかし、自由な移動も、仕事をすることも禁止されている。仮放免になるための保証金を払った今、僕にはもう所持金がない。在留資格を持たない僕には、支援制度も医療保険もなにもない。助けてくれる知り合いも誰もいない。

外の世界で、僕はどうやって生きて行ったらいいのだろう。

若くて健康な僕の体は、この狭いセルの中で、あるいは生きる術を奪われた外の世界で、徐々に蝕まれていくだろう。礼儀正しく親切な人々が住むこの国で。（了）

日本に住む外国人たちの絶望的な状況を人に話すと、「でも、法律に違反しているのだから」とか「在留資格ないんだから仕方がないでしょ」という2通りの言葉に阻まれて、そこから先に話が進まない。説明しようとしても「私とあなたは考え方が違うから」で幕を引かれる。

難民条約に批准しているくせに難民認定をほとんどしない国の狡猾さ、入管職員による犯罪と断じてよい人権侵害と暴力をこそ問題視しなくてはいけないのに、国民は権力者にとても優しい。どうしたら、どうしたら分かってもらえるのか。どうしたら外国人たちの置かれた境遇を自分と地続きのこととして考えてくれるか、悩みぬいた挙句に書けもしないフィクションを書いてしまった。お目汚し、失礼いたしましたと恐縮する一方で、こんなことまでさせんな、コノヤロー！　と、世の中にキレたい気持ちです。

自分に起こり得ることとしてシミュレーションしたら、あまりの恐ろしさに途中で何度も想像を中断したほどに怖かった。しかし、ここでは「フィクション」として書いた状況の中を現実に生きている人たちが、日本にたくさんいるということを知って欲しいのです。

そして、難民だけでなく、都合のよい労働力として使い捨てられる技能実習生や、差別される外国人たちの身上を、この国の「親切」で「礼儀正しい」人たちが少しでも想像できるようになり、共生のために知恵を結集させるようになるのなら、本当の意味での「豊かな」国が作れるのではないかと思います。日本の人々にはその力があると信じたい。

3 難民・移民フェスで見た夢

2022年6月4日の土曜日、晴天に恵まれたこの日、私は練馬区にて開催された「難民・移民フェス」にいそいそと出かけて行った。

チラシには、練馬駅徒歩1分とある。地図を見るまでもなく、熱気と人だかりがする方向へ吸い寄せられるように歩いていくと、そこが会場の平成つつじ公園だった。

まだ開始前だというのに、いくつもの販売ブースには人が集まっていてとても賑やか。ミャンマーやチリ、インド、カメルーン、クルドのめくるめく料理やお菓子、アフリカの布製バッグやビーズアクセサリーなどが並んでいるのを覗きながら、あとでゆっくり買おうと呑気に構えていたら、その数時間後には完売していて、私は肩を落とすことになる。ココナッツケーキとクルド料理、手作りピアスが心残りだ。

精霊もやってくる

今回のフェスでは、つくろい東京ファンドは企画にも運営にも直接関わっていないが、つくろい東京ファンドで活動する傍ら、NPO法人北関東医療相談会で外国人支援をする同僚の大澤優真さんがスピーチする予定が組まれていた。また、私がハラハラしつつも最も楽しみにしていたのが、つくろいシェルターに滞在中のアフリカ人男性のジャンベ演奏である。これは応援せねば！　と、鼻息荒くノシノシとやってきたのだった。

© 難民・移民フェス実行委員会

フェスを楽しんでいると、私たちと長いお付き合いとなる長老92歳が大樹の陰から顔を覗かせた。一瞬、精霊かと思った。木の精霊が、楽しい音楽に誘われて出てきてしまったのかと混乱したが、どうやら電動車椅子をデイサービスに放置し、バスに乗って自力で会場までやってきたらしい。慌てて駆け寄ると、長老は開口一番「腹が減った」。

「これ、1個食べる?」売り切れ直前にすべりこんで購入したチリの丸いドーナツ(5個入り)を分けてあげようとすると、耳の遠い長老、「ありがと♥」と恵比須顔でパックまるごと鞄の中に入れてしまった。ムムム…なんということか。

知った顔、これまでお世話になった方々がたくさんいらしていて、それは他の皆さんも同様のようで、青空のもと、多国籍の方々があちこちで「やあやあ、こんにちは」と挨拶を交わしている。知らない者同士も笑顔で席を譲り合う。その光景は、とても幸せで平和だ。

来日6年、ディズニーランドも東京タワーも知らない

市民有志の集まりである「難民・移民フェス実行委員会」が主催し、外国人支援団体が協力に名を連ねたフェスにはさまざまな外国人がやってきていた。大澤さんが支援している仮放免の方々も大勢参加していた。

たくさんの人が集い、眩しいほどの光の中、朗らかにフェスを楽しむ会場の端に、スリランカ出身のHさん(40歳)は立っていた。

舞台の前に並べられた椅子に座ったら？　と私が促しても、彼は伏し目がちに微笑んで「ここでいい」と端っこに立ったまま、各国の歌が披露されるステージを眺めていた。

Hさんが来日したのは6年前。

スリランカではネットカフェ、自動車部品販売店と携帯ショップを経営する実業家だった。グラフィックデザイナーと会計士の資格も保有していて、ビジネスマンとしても成功者だった。

そんな彼の人生が一転したのは、政治的迫害を受けるようになってからだ。支持していた政党の反対勢力から脅迫を受けるようになった。政治家の家まで放火されるような社会情勢の中で、政治運動に関わった一般市民の命なんて虫けらみたいなもの。

身の危険を感じた彼は、両親を親せき宅に逃がし、自分は30万円ほどの現金だけ持ってスリランカを脱出、観光ビザで日本に降り立った。難民申請をしたものの、2021年に却下され、現在2度目の申請中である。

品川入管に3か月、牛久入管に5か月収容された経験を持つ。収監中にコロナウイルスに感染もしている。日本滞在中の6年間で、資産はすべて使い果たしてしまった。

来日6年。

東京タワーも、ディズニーランドも、日本の観光地も全然知らない。

「自分の人生はゼロどころではなく、この6年でマイナスになってしまった。積み上げてきたものをすべて失った。他の人は結婚して子どもや家族を得るが、私は何もできない。全部失って、まるで足をもがれたよう。何もすることがない。何もさせてもらえない。こんな状態で長年置かれるのは辛い、苦しい」

入管施設に収容されていた間に、独学で日本語を学んだ。

「(支援者の)大澤さんは食べ物送ってくれる。はずかしい。乞食みたい。いろんなことをお願いしたくない。あれもない、これもない、そん

© 難民・移民フェス実行委員会

大澤優真さん © 難民・移民フェス実行委員会

な願い事したくない。自分の力でアパート借りたり、お金払ったり、自分の生活をなんとかしたい。仕事をさせてほしい。日本のため、生活の為、社会のために生きたい。ただ「いるだけ」、こんな人生意味ない」

仮放免者の置かれた過酷な状況を伝えると、「なら国に帰ればいい」という脊髄反射的なリプライが矢のように降り注ぐ。しかし、彼らは帰れないのだ。帰れないから日本で、さながら生き地獄のような日々を、歯を食いしばって耐えている。

フェスに集まる人々の光と影

スピーチに立った大澤優真さんは、「今日は本当に楽しいですね。良いお天気です。本当に楽しいです。ただ、私からは辛いお話をしなければなりません」と切り出し、仮放免者や難民が生きる過酷な生活状況を報告した。

入管施設に収容され、がん治療が受けられずに亡くなった女性の話、深刻な状態なのに医療に掛かれないで我慢している人たちの話。

「今日は本当に楽しいです。だけど、このイベントが終われば、仮放免の方々は再び過酷な日々を生きることになります。そして、この楽しいイベントを支えてくれる人の多くは仮放免、難民の方々です」

会場のすみでHさんがじっと耳を傾けていた。きらめくようなフェスが彼にほんの微かでもいい、希望の光を見せてくれたことを願うばかりだ。

異文化が交差する場所で

つくろいシェルター利用中のアフリカ人男性Kさんはもともとプロのジャンベ奏者。大きな木々が作り出す心地よい日陰のステージで、つくろいスタッフ村田結さんのギター、沖縄出身の三線奏者とのコラボ。練習する時間が前日の1日しかなく、村田さんは一睡もせずに会場入りした。村田さんは朦朧としていたが、練習時間が満足に無かったにもかかわらず、ジャンベ奏者Kさんも三線奏者もなぜか余裕の構え。肝が据わってるというか、なんというか…。小心者の私はどうしてもハラハラしてしまう。

演奏が始まる。

ギターと三線が奏でる音を、Kさんは全身で受け止めながら、まるで生き物のようにジャンベの上で手が踊る。リズムに誘われ、観客のアフリカ出身男性と日本人女性が踊りだした。

Kさんは幸せそうな笑みを浮かべ、時折、頭上高くで揺れる木々を見上げながら、空間と一体化してジャンベを叩く。その姿は、「私は生きている」と世界に叫んでいるようだった。そう、彼らは生きている。私たちのすぐ隣で、この社会で生きている。

そんな彼らがこれ以上苦しまなくて良いように、共存共生の道を切り開きたい。

市民が主体となって開催したフェス、そこで繰り広げられた理想郷の縮図が社会にじわじわと拡がって欲しい。

人権的観点はもちろんだが、日本は今、深刻な労働力不足の問題を抱えている。日本にいる外国人はあなたの仕事を奪いはしない。この社会は彼らを必要としている。

多様性は確かに複雑で面倒な部分もあるだろう。しかし、この国は一体いつまで鎖国メンタリティを持ち続けていくつもりなのだろう。そんなことで、私たちの未来は少しでも豊かになるのだろうか？　私にはそうは思えない。

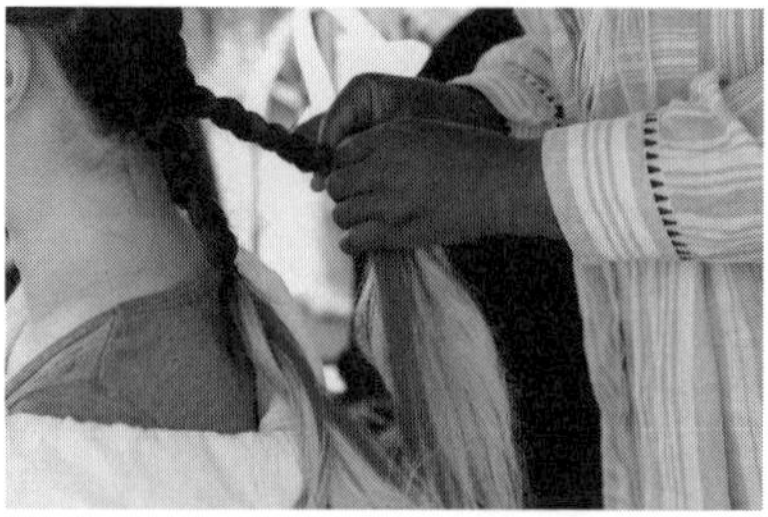

© 難民・移民フェス実行委員会

言葉や文化の壁を乗り越えるにはエネルギーが要る。同質の集まりの中で、一を言えば十が伝わるような環境に比べたら、自分が問われる局面もたくさん出てくるだろう。でも、乗り越えた先にあるものは豊かさと成熟だ。そのことを、私はカフェ潮の路やつくろい東京ファンドで学んだ。他者を受け入れることは、巡り巡って自分が受け入れてもらえることでもある。決して一方向ではないのだ。

難民・移民フェスには5時間で800人もの人々が訪れ、多文化が混ざる豊かな空気を満喫した。フェスで見た美しい夢が、正夢になるように。仮放免の人々が、自分の「生」を生きられる日が来るように、私は行動する。

4 差別・排外主義に抗う市民たちが見せる希望

年末も押し迫った2022年12月26日、ホームレス化した難民・仮放免者4世帯の住まいとなる「りんじんハウス」を、つくろいスタッフやボランティアの皆さん総出で掃除した。

労働を許されず、健康保険の加入もできず、あらゆる社会保障からも除外された仮放免者たちの困窮は留まるところを知らない。

外国人の医療をサポートする「北関東医療相談会」と「つくろい東京ファンド」を掛け持ちで働く大澤優真さんの携帯電話には、緊急性の高いSOSが連日舞い込む。お金がなくて病院にかかれず、治療が遅れて重篤な状態になる人、ホームレス化してしまう人、自殺を試みたが死にきれず、運ばれた先の病院で応急手当だけされ、生々しい傷のまま家に戻された挙句にホームレス化した人……。

つくろいでは、すでに外国人9世帯の居住支援をしている。収入を得ることを許されていない彼らの家賃と光熱費は全額団体が負担するため、小さな民間の支援団体の能力はとうに超えていた。しかし、緊急性の高いSOSは連日届く。なんとかしなくては、しかし、どうしたら…大澤さんは東奔西走しながら頭を抱えていた。

そんな時に「良かったら自分の物件を使って」と申し出てくれた人がいた。それが「りんじんハウス」である。天の助けのようなこの物件には、2023年から4世帯が入居することになる。

そこでクラウドファンディングでご寄付を募ったところ、ありがたいことに675人の方々から850万円ものご寄付が集まった。皆さん一人ひとりから託された思いとお金が、子どもたちを含めた4世帯の命と生活をつなぐ。

が、しかし、彼らは事情があって国に帰れない人たちだ。難民認定や在留許可が出ない限り、この苦境はエンドレスに続くことになる。私達民間団体は、いつまで彼らを支えることができるだろう。

ネットでは「国に帰れ！」の大バッシングだが……

日本の入管の収容施設では2007年以降17人の方が亡くなっていて、うち5人は自殺だ。2021年3月にはスリランカ人のウィシュマ・サンダマリさんが入管施設内で亡くなった。そのことを機に、ブラックボックスだった入管に耳目が集まり、この国が難民条約に加盟していながら、実際は難民認定率が1％に満たないこと、「帰れない」人たちに帰国を促すこと以外しないことを疑問視する人も増えた。

多くの人が関心を持ってくれたきっかけが、誰かの死であることが悲しい。せめて、これ以上、犠牲者を出してはならない。そう願っていた2022年11月18日、仮放免から再収容されたイタリア人男性が、港区の入管施設で死亡した。自殺と見られるとニュースは伝えている。2007年以降の入管施設内での死亡数は18人になってしまった。

命からがら日本に逃げて来た人や、事情があって帰れない人たちが、自ら死を選ぶほどに絶望するって、どんな国だ？　あるいは衰弱して死ぬのを、行政がただ見ているだけの国とは。

外国人が強いられる過酷な現実が知られるにつれ、事態を重く見る市民の輪はどんどん広がりを見せている。

個人で難民・仮放免者たちを支援する人、入管施設の人権侵害や暴力を発信する人、デモに参加する人、外国人と市民が交流するイベントを開催する有志、そして部屋を貸してくださる大家さんなど、市民レベルの助け合いの輪は広がっている。

しかし、ＳＮＳ上には外国人に対するむき出しの憎悪も溢れている。相手の事情を知ろうともせず、難民認定率の低さに疑問も持たず、「国へ帰れ」と叫ぶ。最も弱い立場に置かれ、抵抗することもできない人たちを、匿名性に安全を担保された自称愛国者たちが攻撃する。

排外主義丸出しの醜い罵詈雑言を見ていると、私はいつも情けなくなる。そして思い出す。日本人が海外で困った時、その国の人々がどうしたかを。

アメリカでホームレスになった高齢男性のケース

２０１６年６月、アメリカから一人の高齢男性Ｍさんが帰国した。１９７０年代初めに渡米したものの、派遣先の会社が倒産をしたところから職を転々、最後には家賃を払えなくなり、90歳近い老いた体で６年もの長い間、路上生活をしていた。

洋服や毛布など、生活に必要なものすべてをショッピングカートにギッシリと詰めこんで、決まったルートを押して歩く。そんなＭさんを家の中から見ていたアメリカ人青年がいた。

青年は、高齢で小柄な東洋人男性が巨岩でも押すようにカートを押して歩く姿を見て、とても心を痛めた。痛めたが、その時は行動に移すことはなかった。

しかし、青年は2度目にMさんを見た時に、「また見て見ないふりをするのか」と自問し、ついにMさんに歩み寄った。それがMさんの帰国につながる出会いの瞬間だった。

青年はその後、市内の日本人コミュニティとネットワークを作り、Mさんの帰国のための費用をクラウドファンディングで集めることになる。在米日本人の協力者が部屋を提供し、青年が広く協力を呼び掛けた結果、250人から1万2400ドル（約140万円）の寄付が集まった。

同時に、帰国後のサポートをする日本国内の支援団体を探し、つくろい東京ファンドに白羽の矢が立つ。私たちは高齢者であるMさんが入居できる部屋を借り、そして、6月、Mさんは青年に伴われ、帰国を果たしたのである。日米の個人、民間の支援者が連携して実現させた帰国劇だったが、異国の地で何度も死ぬことを考えたMさんを支えたのは、所持金がないMさんにそっとコーヒーを出してくれる有名コーヒーチェーンだったり、彼に声を掛け、帰国プロジェクトを立ち上げた青年や、日本人を含む現地の市民だった。

東南アジアで困窮、病に倒れる

Mさんが帰国してから2か月後の2016年8月、私のフェイスブックアカウントに、東南アジアの友人や知人たちからほぼ同時にメッセージが届いた。内容はみんな一緒で「この人を助けてあげて」であり、地元紙が添付されていた。

記事には、現地で働いていた日本人男性A氏が事業に失敗し、その後、火事や盗難でパスポートや身分証明書、家財道具の一切を失いホームレス状態になっていること、健康状態が著しく悪いこと、在留許可が切れていることが書かれており、見出しには大きな文字で「日本に帰りたい」と書かれていた。

Aさんを支援していたのは、小さなその町の有志たちだった。持ち回りでAさんを家に泊め、病院に連れて行き、食事を提供していたが、Aさんの体調不良は日に日に深刻さを増していった。日本人が海外で困窮しても、日本政府(大使館や領事館)は動かない。

私は8月に男性のことが新聞に掲載されてから、Aさんを支援する町の住人たちと粘り強く連絡を取り合っていた。

支援者たちはAさんを助けない日本領事館を訴えようとしていた。Aさんの帰国だけに留まらず、その国に再入国を可能にするパスポートを要求していた。しかし、当然、ことはうまく運ばない。そうこうしている間にもAさんの病状は悪化し、このままだと命が危ぶまれると判断した翌年3月、私は国際電話をかけまくり、領事館の尻を叩きまくって、ようやく膠着状態にあったAさんの帰国が実現することとなった。

2017年3月半ば、早朝の空港で、私は何十年ぶりかに帰国したAさんとようやくお会いすることができた。その後、Aさんはつくろい東京ファンドのシェルターに入所し、ドラマ「ドクターX」並みの難しい大手術も経験し、今はMさんと同様、生活保護制度や介護サービスを利用しながら地域で一人暮らしをしている。

在留資格も家も所持金も失い、重い病気を患った彼の命をつないでくれたのは、東南アジアの小さな町の人たちだった。

私たちは共生共存できる

Mさんも A さんも帰国を希望していた。地元の人々は、MさんとAさんの意思を尊重し、希望が叶えられるよう、それぞれができる限りの支援をした。

しかし、日本にいる仮放免者や難民の方々は、帰りたくても帰れない人たちだ。この国で明日が見えなくても、収容され、酷い人権侵害の果てにボロボロになっても、それでも自分の国には帰れない。「帰れない」。そういう人たちを国や市民が非難し、攻撃し、心理的に追い詰め、破壊する意味はなにか？　そこから何か得るものはあるのか？　そんなことより、彼らが日本で暮らせるようサポートする方がよほど双方の利益にならないか。損得の問題ではないが、より多様で寛容、今風に言えばサステイナブルな社会になると思うのだが違うのだろうか。

日本人が海外で困窮し、途方に暮れた時、町の人々は彼らを精一杯、助けた。日本人も外国籍の人たちに対して、そう振る舞う国民でありたい。

りんじんハウスの掃除には、建物を提供してくださった大家さんも加わった。家具や家電が運び込まれ、4世帯の入居が徐々に始まっている。

衰退し、滅びゆく国に必要な変化とは

日本に10年滞在したＢＢＣの記者が帰任前に書いた“Japan was the future but it's stuck in the past”と題された記事（２０２３年1月20日付）を目にした。

過去の栄光はとっくに過ぎ去り、30年間市民の生活の質が向上せず、衰退し、破滅に向かう日本の姿を書いた記事だった。衰退の一途から起死回生をはかるには「変わる」ことしかないのだが、残念ながらその見込みはないであろうと記者は手厳しい。

この記事の中でとりわけ印象的だったのは、記者が房総半島の限界集落を訪ねた時のエピソードだ。若者はみな都市に移り住み、60人いる村人のうち10代はたった一人。老人ばかりのこの村で、彼らは「自分たちの死後、誰が墓を守るのか」と心配している。

記者は東京への利便性や絵葉書のような村の美しさに触れ、「私が家族を連れて移住するといったら？」と聞くと、老人たちはみな顔を見合わせ、気まずそうにする。そして「それには、私たちの暮らし方を学んでもらわないと。簡単なことじゃない」と答えるのだ。「村は消滅寸前だというのに、よそ者に侵入されることの方がもっと悪い事態だと思っているのだ」と記者は呆れている。

記事では移民受け入れの少なさにも触れ、「出生率が低下しているのに移民受け入れを拒否する国がどうなるか知りたいなら、まずは日本を見てみるといい」と辛辣だ。

過去にポツンと取り残され、それでも変わることを拒む国や社会は、記事にあった房総半島の村のように消滅する運命にあるのだろう。そんな運命に抗うように、市民たちの助け合いは始まっている。国籍や背景を乗り越えて、多様な人たちとの共存の道を探り、手を差し伸べ始めている。そんな市民一人ひとりの意志に希望を感じる。あなたもぜひ、参加してほしい。

おわりに——粗末に扱っていい命？

人の命は平等か？

「ねぇねぇ、165万円って、なんでそんな少ないの？」

スマホを指で繰りながら私に聞いてきた若者は、日本に住む外国人の境遇に興味を持っている。

茨城県牛久市の入管施設「東日本入国管理センター」で2014年、収容中のカメルーン国籍の男性(43歳)が死亡した。持病があり、「死にそうだ」と体調不良を訴えたにもかかわらずに放置された挙句の死だった。165万円は、水戸地裁(阿部雅彦裁判長)が2022年9月16日、国側に命じた賠償額だ。

入管施設の被収容者の死亡事件は後を絶たない。死に至らずとも、施設内での入管職員による人権侵害や暴力により、消えない傷を心身に負った人を、私は何人も知っている。

若者にどうやって説明すべきか、私はしばし沈黙したあとで、「とっても悲しいことだけど、この国には粗末に扱っていいと思われている人たちがいるんだよ」と答えた。

未来ある若者に「命は大切で、誰であっても平等なのだ」と伝えられない「現実」が私は悲しく、悔しい。

国の責任が認められた初めての判決である。そのことは歴史的ではあるが、この判決が出るまでにいったい何人が尊い命を落としたか。

「命は大切」と学校で教えられるこの国で育つ人たち、育った人たちは、理不尽な扱いや暴力や、そのために失われる命の存在をどのように感じているのだろう。

「命は平等」「同じ命」「命は地球より重い」

そんな言葉が「理想」であり「たてまえ」でしかないことを、私は生活困窮者支援の現場にいて、イヤというほど知っている。外国人に限らず、この国には、粗末に扱っていいと思われている人たちがいる。

暴力被害に遭っても相手にされない

長い路上生活を体験した高齢の山本さん（仮名）は、かつては誰もが知る一流企業の会社員だった。人生の歯車が狂って10年ほど路上生活を経験したのちにつくろいのシェルターを経てアパート生活になった。もう、4年ほどになる。穏やかで、お人よし、ひょうひょうとして博識、博愛。私たちスタッフや友人たちを励まし、ねぎらい、癒してくれる存在だ。そんな山本さんが、早朝のコンビニで別の客から理由もなく暴行を受けた。

店員に警察を呼んで欲しいと頼んでも、相手にしてくれないどころか、まるでクレーマーでも見るように迷惑そうな顔をされた。仕方なく不自由な体で交番へ出向き、被害を訴えると、「自作自演じゃないのか」と言われた。「悔しくて悔しくて」と彼は泣いた。

別の日の夕方、友達と飲んで下町を歩いていた桐生さん（仮名）が交通事故に遭った。バックしてきたタクシーに背後をぶつけられ、したたかに腰を打ってアスファルトの道路に吹っ飛んだ。衝撃に気づいたのか、タクシー運転手は一旦止まって、ドアを開け、顔を出し、何が起きたかを確認すると、道路にうずくまる桐生さんを放置して走り去った。

桐生さんは自分で通報しているが、「その辺りは防犯カメラも少ないから難しいですねー」で終わってしまった。日本有数の観光地である。防犯カメラが少ないわけがない。

路上生活経験のある人で暴力被害に遭う方は珍しくない。交通事故に遭い、治療もせずに後遺症を抱えている人もいる。警察に助けを求めたり、被害を訴えたりする人はほとんどいない。助けてくれるどころか、むしろ自分が疑われることを経験から知っているからだ。

長い年月をネットカフェやファストフード店で過ごしていた女性は、池袋の駅前を歩いていた時に後方で起きたざわめきと悲鳴に振り返った。ほんの数m先で刃物を持った男が歩行者を襲っていた。慌てふためいて近くの交番に駆け込んだ。

しかし、警察官は相手にしてくれない。振り返ると、刃物の男がこちら側に歩いてくるのが見えた。交番にいても守ってもらえないと悟った彼女は、交番を飛び出して逃げたという。その時の通り魔事件は、今もネット記事で見つけることができる。

3度のメシよりお酒が好き、愛すべき酔っ払いの岡江さん(仮名)。彼の話す地方訛りからは土の匂いと、脈々と続いてきた地方の暮らしが目に浮かぶ。人懐っこい笑顔と面倒見の良さで、地域の人気者だ。灼熱の夏には、通学路の子どもたちのために打ち水を欠かさない。

そんな岡江さんにお酒の入ったある未明、交番に悩み事を相談しようと赴いて思わぬ悲劇に遭う。

ほんの小さな誤解から、酔っぱらって足元もおぼつかない高齢の岡江さんを、警官が背負い投げしたのだった。不意にコンクリートに叩きつけられた岡江さんの足の骨が3本折れた。一部は粉砕骨折の大怪我にもかかわらず、警官に伴われて病院に搬送された岡江さんは、応急処置だけされて帰されている。その後、痛みに耐えられなくなって再搬送され、老いた足はボルトでベッドに固定され、長時間にわたった手術ではプレートがいくつも埋め込まれた。全治4か月。警察は岡江さんの被害を認めず、一部始終が記録されてるはずの防犯カメラの映像開示にも応じていない。

もしもこれが岡江さんではなくて、背広を着た酔っ払いだったら、警察官は背負い投げをしただろうか。

偏見・差別が目を曇らせる

被害に遭ったり、怖い目に遭った彼らが一様に口にするのは、「これまでもそんな扱いばっか受けて来たから。慣れてるから」というもの。死亡事故にならないと相手にもされない。被害を訴えても、まずは自分が疑われる。

これは警察に限ったことではないかもしれない。私たちの中にある偏見や差別意識が、ものごとを見えなくさせてはいないだろうか？　私たちみんなが自分自身の心の奥底に問いかけてみないといけないことだ。相手の見た目や印象で「被害に遭っても仕方がない」とか、「この人に非があったのではないか」と思うところはないか。

警察官の話が続いたが、中には素晴らしい人物もいることにも触れておきたい。

飲みすぎて歩けなくなったおじさんを家まで送り届けてくれた警官、「おまえホームレスだろう」と酔っ払いの若者2人に蹴られるおじさんを助けた警官、謝罪をしない上役の代わりに頭を下げた警官……上記3件は全員女性の警官なのだが、希死念慮のある若者を保護して私に連絡をくれたり、家に送り届けたりしてくれた男性警官も知っている。

夜の青空

月の明るい夜に、空を見上げる。

「あ、青空だ」と、夜のとばりの向こうに見える深い蒼さに目を凝らす時、6年前シェルターを逃げ出した伊藤さん(仮名)をようやく見つけ出して、並んで路上飲みをした真冬の夜を思い出す。

その頃の伊藤さんは大の病院嫌いで、検査が怖くて逃げてしまったのだが、その後はアパートに入居し、ずっと安定して暮らしている。

今年のはじめ、足の血管が詰まって歩けなくなった。コロナ感染者が爆発的に増え、医療崩壊が起きている真っ只中であり、仲間が呼んだ救急車で救急外来に搬送された際にはあっさり帰されてしまった。二日後、痛みが激しくなり動くことも食事もとることもできなくなり、発熱もしていた。いよいよこのままではマズイと判断し、今度は私と同僚の村田さんで同行し、「治療してくれるまで、テコでも動かん!」という構えで待合室に居座っていたら、幸いなことに入院が決まった。「もう少し放置したら足切断でした」と、看護師さんに優しい声で言われて、私たちは冷や汗を流した。

夜でも青い空が見えることを教えてくれたのは伊藤さんだ。

太陽が照らさなくても、青空は頭上にある。昼間、見えなくても星が存在しているように。伊藤さんに教わらなかったら、私はずっと夜の青空を知らないままだったろう。

あらゆる「異」を超えて

私たちの仕事は、辛苦に満ちたいろいろな人生を知ることでもある。

あまりに理不尽な人生を背負わされた人たちの苦しむ姿に、心が泣き、乱れ、暴れることもある。しかし、たとえ私の心が痛んだところで、私はその人とは代われない。辛い過去を消しゴムで消してあげることもできない。無力感に打ちひしがれ、うなだれて事務所に戻ってくると、シェルター在住のアフリカ国籍の男性がいた。彼は彼で、これまた苦労人なのだが、私の前ではいつも能天気だ。

「げんき?」ヘラヘラと笑いながら私に声を掛けてくれる。

「元気じゃない」と答えると、「Why?　なんでよ」と日英ミックスで聞き返す。

「誰かの辛さをどうすることもできなくて悲しいです」と言うと、彼は顔を天井に向け、普段見せない真摯な表情をした。教会の懺悔室で告白に耳を傾ける聖職者のように。私の嘆きを体中で吸い込むように。言葉はなくとも伝わる共感。

少し元気を取り戻し「ありがとう」と礼を述べると「オゲ!」と普段の彼に戻った。

常に言っていることだが、支援は一方向ではない。「支援者」などと偉そうな立場の私たちは、実はいろんな形で利用者や相談者に助けてもらってもいる。人は存在するだけで双方向に作用するものだからだ。

国籍とか、その人の生きてきた背景とか、年齢とか、職業とか、あらゆる「異」を分断の基準にするのではなく、どんな人も生きられる社会が形成された時、お互いの存在は必ずマイナス以上にプラスに働くはずだ。

粗末に扱っていいと思われる人がいなくなり、建前ではなく誰の「命」も「人権」も尊重されるようになった時、この社会は強者にとっても生きやすい豊かな場所になる。そんな社会で、私は深呼吸したいと願っている。

本書は「２０２０年12月〜２０２３年1月にウェブマガジン「マガジン９」(https://maga9.jp/)や「週刊女性PRIME」に掲載された記事を大幅に加筆・修正し、まとめたものです。

この国には透明な存在にされている人たちがいます。すべての命や人生が尊重される社会にしたい。そのためにも公助にはしっかり機能してもらわなければ困るのだという切実な思いから始めた連載でした。

発信する機会を与えてくれたマガジン９の中村未絵さん、週刊女性PRIMEの宮本奈緒子さん、『コロナ禍の東京を駆ける』に続き書籍化を担当してくださった田中朋子さん、ご多忙にもかかわらずカバーイラストを引き受けてくださった深谷かほるさん、書くことに自信が持てない私を励まし続けた友人でライターの和田静香さん、家なき人のとなりで同じ景色を見続けるつくろい東京ファンドの素晴らしき同僚たち、応援してくださる皆さん、私と出会ってくれる皆さんに心からの感謝を申し上げます。

最後に、ともに悩み、ともに日々を歩む最高のツレ稲葉剛さんと猫のサヴァ&梅ちゃん、いつもありがとう。

この本を手に取ってくださった方が、夜の青空を見上げるようになったら嬉しいです。

小林美穂子

1968年生まれ．つくろい東京ファンドスタッフ．支援を受けた人たちの居場所兼就労の場として設立された「カフェ潮の路」のコーディネーター．幼少期をアフリカ，インドネシアで過ごし，長じてニュージーランド，マレーシアで就労．上海では4年半，最年長学生として世界各国から集まった若い同級生たちと楽しく学び，遊ぶ．2匹の猫と庭先の木々が癒し．植物が異様に育つ不思議議な家に住んでいる．著書に『コロナ禍の東京を駆ける——緊急事態宣言下の困窮者支援日記』(共著，岩波書店)．本書の元になったウェブ連載「家なき人のとなりで見る社会」はマガジン9で好評連載中．
つくろい東京ファンド https://tsukuroi.tokyo

家なき人のとなりで見る社会

2023年12月22日　第1刷発行

著　者　小林美穂子《こばやしみほこ》

発行者　坂本政謙

発行所　株式会社 岩波書店
〒101-8002 東京都千代田区一ツ橋2-5-5
電話案内 03-5210-4000
https://www.iwanami.co.jp/

印刷・精興社　製本・牧製本

ISBN 978-4-00-061624-9　　Printed in Japan